APERÇU
SOMMAIRE
DE DROIT ROMAIN.

A

M. BLONDEAU,

Ex-doyen de la Faculté de droit de Paris,
Membre de l'Académie des sciences morales et politiques,

SON ANCIEN ÉLÈVE ET AMI.

APERÇU
SOMMAIRE
DE DROIT ROMAIN

PRÉCÉDÉ, A TITRE D'INTRODUCTION,

D'UN MÉMOIRE SUR LA LÉGISLATION ANGLAISE

COMPARÉE

AVEC CELLE DE ROME ET DE LA FRANCE,

Lu à l'Académie des sciences morales et politiques,
les 23 et 30 août 1845,

PAR

M. ÉVARISTE BAVOUX.

PARIS
VIDECOQ PÈRE ET FILS, ÉDITEURS,
1, Place du Panthéon.

1845

INTRODUCTION.

MÉMOIRE
SUR LA LÉGISLATION ANGLAISE

DANS QUELQUES-UNS
DE SES RAPPORTS ET DE SES DISSEMBLANCES

AVEC CELLE DE ROME ET DE LA FRANCE,

Lu à l'Académie des sciences morales et politiques, les 23 et 30 août 1845.

Un sujet d'observations aussi remplies d'intérêt que fertiles en enseignements, c'est la législation comparée des différents pays. La source à peu près commune à laquelle chaque nation a tour à tour puisé, la variété de goûts, de mœurs, se révélant par la variété des emprunts, par la diversité des formes adoptées, offrent à l'observateur, au philosophe, une étude pleine de charme, au jurisconsulte, au législateur, des éléments précieux pour l'amélioration graduelle de la loi. L'un des plus nouveaux membres de l'Académie des inscriptions (1) a déjà, quoique fort jeune, fécondé ce champ de la science par d'heureux travaux : les bornes nécessairement étroites d'une lecture, discrète par déférence et par devoir, devant l'Académie, limitent forcément des explorations qui, pour être com-

(1) M. Edouard Laboulaye.

plètes, ne voudraient d'autres bornes que celles de l'histoire universelle. Nous ne nous permettrons l'examen que d'une très-faible partie de ce vaste sujet.

La partie que nous demandons à l'Académie la permission d'étudier brièvement devant elle, c'est la législation primitive, celle des Romains dans quelques-unes de ses analogies ou plutôt de ses inspirations, vis-à-vis de la législation d'Angleterre et de France. Ces recherches, en reportant nos regards sur des temps toujours si utilement consultés, sur cette antiquité toujours si riche en souvenirs, toujours intarissable pour le poëte comme pour l'érudit; ces recherches nous font en même temps pénétrer dans la codification moderne de deux nations, grandes toutes deux dans le monde par un génie différent, immenses, invincibles à la tête de toutes les nations, si elles savaient réunir leurs forces et les diverses qualités de leur génie : concours généreux que nous appelons de tous nos vœux, dans la pensée que le développement des grands intérêts de notre pays est la conséquence naturelle de cette rivalité pacifique entre deux peuples dont le voisinage et les rares qualités devraient concourir à une commune grandeur !

DROIT ROMAIN.

Je ne chercherai point à comparer des choses dissemblables : entre l'état social, et conséquemment entre les lois de Rome et celles de l'Angleterre et de la France, dissemblance complète. Mais Rome n'en est pas moins l'origine de leur législation, modifiée par les mœurs. Je ne veux donc pas comparer; je veux seulement apercevoir dans le lointain cette législation primitive, si fortement tissue, qui a servi à tant de peuples de premier modèle : semblable à ces riches patrimoines laborieusement amassés par le père de famille, et après lui transformés par des fils, parfois cependant moins riches, en un brillant état de maison, qui n'a d'autre analogie que l'origine, avec les traditions paternelles. Ainsi de la législation romaine, tronc vigoureux d'où s'échappent de si nombreux rameaux, rejetons nés de la même tige quoique transplantés, en quelque sorte de bouture, dans des contrées différentes, et destinés à rappeler sous des climats divers, dans des conditions d'existence diverses, un même air de famille, une origine commune.

Plusieurs causes avaient élevé l'étude du droit à Rome à la hauteur où les jurisconsultes l'avaient portée :

1° Rome était devenue le centre de tous les grands intérêts, de tous les grands débats; les nations et les rois comparaissaient à ce haut tribunal : ainsi Jugurtha y vint se défendre contre une accusation d'assassinat; Verrès, gouverneur d'une province, y vint rendre compte de sa vaste administration; en un mot, contestations privées, procès de rois et de puissants personnages, tout était soumis à cette solennelle juridiction, et devait imprimer aux organes de la loi cette dignité et ce caractère sacré d'études consciencieuses et d'instruction profonde qui ont fait l'illustration de cette législation et la gloire de Cicéron, comme des autres jurisconsultes. Il faut même ajouter que ce qui distingue ces jurisconsultes, c'est une grande connaissance pratique; car Ulpien, Tribonien, Paul, comme préfets du prétoire, chargés de prononcer sur les différentes contestations, résumaient leurs différentes décisions en un corps de doctrines qui faisaient loi et loi pratique, comme l'expression des principes qui avaient inspiré le jugement.

2° Par une sorte d'analogie inverse avec notre jury, jamais le préfet du prétoire ne prononçait que sur la question de droit, et par une sorte de décision générale et subauditive du fait, la question de fait étant hypothétiquement admise, conforme à celle posée par le demandeur, sauf ensuite, quand il s'agissait d'appliquer la *décision légale au fait*, à s'entendre sur le fait; ainsi on commençait par statuer *en droit*, et le *fait*, débattu ensuite, venait recevoir l'application du *droit*. On voit que, tout en consacrant le principe fondamental de la séparation du *fait* et du *droit*, dans l'application, c'était l'inverse de ce qui se passe en France et en Angleterre, où le jury prononce d'abord sur le fait, sauf l'application postérieure du *droit*. Lequel des deux procédés est préférable? Le nôtre, pensons-nous. Il offre l'avantage, plus théorique que réel à la vérité, d'amener une décision préalable sur le fait plus impartiale, puisque le jury doit ignorer la conséquence *légale* de sa déclaration sur le fait. Mais il a un autre avantage, c'est de ne pas faire que le juge du *droit* perde son temps en rendant une décision qui ne recevra peut-être pas son application, si le juge du *fait* vient à écarter le *fait* lui-même. Le système romain a de plus, au point de vue de notre législation moderne, un certain inconvénient, c'est de conférer au juge, comme nous le remarquions tout à l'heure, une sorte d'attribution réglementaire, un droit de décision trop générale. Nous aurons du reste l'occasion de revenir sur cette question de droit public.

Bornons-nous à ajouter ici que le jury anglais prononce, comme chez nous, un verdict spécial sur la question de *fait*, réservant la question de *droit* à la cour, et parfois, contrairement à notre mode, un verdict *général* qui décide en même temps le point de *droit* : dévolution à une même autorité de deux attributions sagement et rigoureusement divisées dans la législation romaine et française, exceptionnellement confondues dans celle de l'Angleterre, si bon modèle cependant pour toutes les autres parties de cette belle institution du jury.

Quoi qu'il en soit, on comprend que l'avocat n'ayant jamais à plaider, comme à notre cour de cassation, que la question de *droit*, puisque le fait était l'objet de débats particuliers devant une autre juridiction, devait mieux étudier le *droit* proprement dit, qu'on ne peut le faire dans nos tribunaux modernes, où la question de *fait*, venant presque toujours embarrasser et absorber le *droit*, rend l'étude du *droit* accessoire et trop souvent inutile.

3° Les familles patriciennes, importantes par leur clientelle, avaient intérêt, pour conserver cette importance, à avoir dans leur sein un jurisconsulte habile qui, par ses connaissances, pût protéger ses clients, inspirer confiance, et en accroître le nombre.

Tels sont, en partie, les motifs qui favorisaient l'étude du droit à Rome.

Comme la vie humaine, la législation romaine peut se diviser en quatre âge principaux : enfance, c'est son origine jusqu'à la loi des Douze Tables, an 304 de Rome; jeunesse, depuis la loi des Douze Tables jusqu'à la mort de Cicéron, an 600 environ; virilité, depuis cette époque jusqu'à Alexandre Sévère; vieillesse ou décadence, depuis cette année qui est environ la 900e depuis sa fondation jusqu'à Justinien.

Dans la première période, faiblesse, ignorance;

Dans la deuxième, c'est la loi des Douze Tables qui, seule, est le point de départ, la véritable pierre angulaire de tou l'édifice qui s'éleva dans les siècles suivants;

Dans la troisième période, grandeur, éclat, puissance de la législation; sous Trajan, Antoine, Marc-Aurèle, Alexandre Sévère, c'est-à-dire sous les meilleurs princes, Gaïus, Paul, Ulpien, grand jurisconsulte, Papinien surtout, préfet du prétoire, le premier personnage après l'empereur, et l'homme le plus éclairé, le plus consciencieux, le plus animé de passion pour le bien public, c'est-à-dire la justice, ce divin bienfait pour un peuple nouveau.

Dans la quatrième période, décrépitude : Justinien, poussé par un désir louable, celui d'élever un monument utile, en régularisant l'innombrable collection de décisions émises depuis près de 900 ans, mais mal secouru par Tribonien, qui, en sept ou huit ans, fit un travail qui en demandait cinquante ou soixante, compila, morcela toutes ces décisions antérieures et en fit un recueil, le *Digeste*, assemblage de beaux morceaux isolés, mais mal coordonné; chef-d'œuvre par fractions, mais trop semblable à une espèce de marqueterie qu'on a, par inversion de son titre, qualifiée de *rudis* INDIGESTAQUE *moles*. Douze siècles après lui, un autre jurisconsulte, déjà ancien pour nous aujourd'hui par le caractère grave et antique de son talent, Pothier, coordonna avec succès ces différents fragments dans ses Pandectes, *Pandectæ Justinianeæ in novum ordinem digestæ*, œuvre consciencieuse, profonde, véritablement digne d'un Romain.

Comme, aux yeux de Justinien, ces décisions des grands maîtres, remarquables isolément par leur concision et la haute raison qui les avaient inspirées, formaient cependant un ensemble trop compacte et trop long à étudier, l'empereur législateur ou plutôt légiste, car il ne créa pas, eut l'idée assez heureuse de faire un recueil élémentaire qui eût été utile s'il eût été bien fait : ce sont les *Institutes*. Quelques années après, il rédigea ou fit rédiger les *Novelles*, résumé des décisions qui furent prises postérieurement, et qui n'ont guère d'intérêt que parce qu'elles ont quelque temps servi de règle en France, et ont été l'une des sources auxquelles notre droit moderne a puisé.

Les Romains regardaient comme une calamité les changements dans les lois; aussi sont-ils demeurés invariablement attachés à certains principes originaires. Mais la loi du progrès, invincible alors comme toujours, chez eux comme chez toute nation, et les nécessités de mœurs amenant inévitablement des mutations, au lieu d'abroger leurs lois, ils avaient recours à des fictions, véritables abrogations en fait de lois contraires; respect religieux pour la loi, qui, dans quelques républiques anciennes, avait fait décréter la peine de mort contre celui qui en eût proposé la révocation, et faisait comparaître en public, la corde au cou, implorant l'absolution populaire, quiconque, dans une circonstance pressante, l'avait violée!

Respect pour la loi, qui faisait dire, dans les temps modernes, à l'un de ses augustes pontifes, à l'illustre d'Aguesseau, que « les rois, appelés par l'Écriture les dieux de la terre, ne sont jamais plus grands que lorsqu'ils soumettent toute leur grandeur à la justice, et joignent au titre de maîtres du monde celui d'esclaves de la loi ! » Respect religieux pour la loi, que nous retrouvons dans cette législation anglaise, si empreinte de vétusté, et, comme celle de Rome, il faut le dire, de confusion; vénération salutaire dans son principe, vicieuse dans ses effets! salutaire, puisqu'elle imprime aux mœurs d'une nation ce sentiment de déférence à la loi qui fait retirer silencieusement toute une population ameutée devant l'inoffensive baguette du constable ; vicieuse, en ce qu'elle accoutume aux fictions, sortes de détours politiques, aussi dangereux pour la conscience publique que pour la conscience privée !

Cette observation nous amène à une distinction généralement adoptée entre la *morale* et le *droit*. On a dit avec raison qu'ils avaient le même centre sans avoir la même circonférence : ainsi la morale embrasse dans son cercle plus vaste une foule de points qui ne sont pas touchés par le droit, et qui ne peuvent l'être par lui, parce qu'il aurait alors une trop grande étendue et une trop grande généralité. Mais si le droit ne peut pas contenir toutes les prescriptions que contient la morale, ce qu'il faut soigneusement éviter, c'est que le droit blesse jamais ce sentiment d'équité, de délicatesse et d'honnêteté, déposé au fond du cœur humain ; sentiment naturel, si puissant pour les gouvernements assez sages pour s'appuyer sur lui, si terrible contre ceux qui le méconnaissent ! Je serais même tenté de croire que ce soit là presque tout le secret du problème gouvernemental, à savoir la conciliation la plus complète entre ces deux moyens de gouvernement sur les hommes, la morale et la loi.

Mais si c'est de l'union de ces deux idées que résulte, selon nous, le meilleur système de gouvernement, il en résulte bien qu'elles doivent servir de règle de conduite dans la vie publique comme dans la vie privée, mais il n'en résulte pas qu'il doive y avoir confusion entre elles dans la rédaction de la loi : le domaine de celle-ci est bien distinct; quoiqu'il relève de celle-là, il n'en doit pas moins avoir ses limites nettement tracées; il faut bien se pénétrer, en un mot, de cette vérité, qu'un code n'est point un recueil de morale. C'est l'erreur des rédacteurs des *Institutes*, dans la définition qu'ils donnent, dès les premiers mots de leur livre, de la justice et de la jurisprudence (1). Aristote avait dit avant eux : « La loi est l'expression de l'intelligence et de la sagesse générale. » Explication qui ressemble plus à un vœu qu'à une définition. Peut-être celle-ci serait-elle plus précise : « Le droit est la science qui règle les rapports des hommes vivant en société. » Définition plus prosaïque, sans doute, mais peut-être plus exacte.

Le droit subit une foule de distinctions, suivant les personnes qu'il concerne : ainsi il y a le *droit naturel*, relatif aux règles, aux devoirs que la nature semble avoir écrits dans toutes les consciences; le *droit inter-national* ou *droit des gens*, c'est-à-dire les principes qui gouvernent les relations de nation à nation ; le *droit national*, qui se subdivise en *droit public*, c'est-à-dire l'ensemble des rapports des grands corps de l'Etat entre eux, des lois qui les régissent; ce droit est en général inhérent à la constitution d'un pays, et ne peut être changé que par le pouvoir constituant ou par une révolution : telle est, par exemple, la forme du pouvoir exécutif qui ne peut pas devenir électif ou viager d'héréditaire qu'il serait par la constitution ; le droit que Bentham appelle *semi-public* ou *administratif*, comprenant les rapports de l'administration, du *pouvoir public* avec les particuliers ; enfin le *droit privé*

(1) Justitia est constans et perpetua voluntas, jus suum cuique tribuendi; jurisprudentia est divinarum atque humanarum rerum notitia, justi atque injusti scientia.

ou *droit civil*, c'est-à-dire les rapports des citoyens entre eux.

Cette collection de droits, différents dans leur application, a pris naissance chez les Romains, comme plus tard, en certaines parties, chez les autres nations, à différentes sources, dont la recherche offre quelque intérêt. En voici brièvement l'indication :

Le *droit naturel* et le *droit des gens* se confondaient à peu près dans leur pensée ; l'un était à peu près synonyme de l'autre ; leur *jus gentium* ne ressemblait pas à ce que nous désignons aujourd'hui par la qualification de *droit des gens ;* chez nous, ce mot signifie la collection des règles qu'un peuple suit vis-à-vis d'un autre peuple, soit dans une guerre, soit dans un blocus, soit dans une suspension d'armes, etc. Chez les Romains, au contraire, on s'occupait peu de ces devoirs réciproques d'un peuple à un autre peuple ; le *droit des gens* cependant leur commandait de ne pas massacrer les prisonniers ; on voit que cette prescription du *droit des gens* se rapproche bien de celle du *droit naturel*, qui défend à tout homme le meurtre de son semblable. L'esclavage servait encore de texte commun aux deux droits : il était reconnu que toutes les nations pouvaient avoir des esclaves. L'affranchissement appartenait également à toutes ; c'était *jus naturale* ou *jus gentium*. La puissance paternelle, telle que les Romains l'entendaient, n'était pas du *droit des gens*, tandis que la tutelle en était. Les Romains disaient d'abord que tout ce qui était fait par la plus grande partie des peuples était *naturale jus ;* aussi voyons-nous dans Gaïus le mot *jus naturale* confondu avec *jus gentium*. D'autres vinrent qui dirent qu'on devait au contraire chercher ce qui est dans la nature de l'homme, et en conclure que tous doivent adopter ce qui est dans la nature de chacun : c'est, comme on voit, une marche tout à fait inverse pour arriver au même résultat : l'une consiste à ordonner *à priori*, l'autre *à posteriori*. Ulpien est un de ceux qui jugent *à priori ;* et il distingue le *droit naturel* du *droit des gens :* c'est à peu près à lui que commence cette division ; jusque-là, il n'y avait qu'une seule expression commune, et c'est alors qu'on a pu donner du *droit naturel* cette définition : « Il y a une loi dans le cœur de l'homme : cette loi, on peut la découvrir par le seul effort de la réflexion, c'est le produit de cette réflexion qu'on appelle *droit naturel.* »

La troisième division est celle de *droit civil*, qu'on nommerait peut-être plus régulièrement *droit privé :* le mot *civil* semblait désigner les *citoyens* au nombre desquels ne sont pas compris, dans l'acception rigoureuse du mot, les femmes et les enfants, qui pourtant sont régis par ce droit ; les autres Codes pénal, commercial, et autres, rentrant d'un autre côté dans cette classification de *droit civil.* Mais cette qualification a néanmoins prévalu, et cette espèce de droit est généralement classée sous le nom de *droit civil.*

Nous venons de prononcer, au paragraphe précédent, le mot *gentes*, d'où probablement celui de *gentiles*, lequel n'avait pas la signification que lui donne notre traduction d'*Epistola ad gentiles*, épître aux *gentils.* Les Romains nommaient *gentes* toutes les nations soumises à leur empire, et vraisemblablement, par sens dérivé, *gentiles* les membres de ces *nations, gentes.* Ces peuples, jusque-là indépendants, avaient des lois qui les régissaient : lorsqu'ils tombaient sous la domination romaine, les uns conservaient leurs institutions, les autres s'abandonnaient à la pleine discrétion des vainqueurs, qui les organisaient comme bon leur semblait. Les lois que les Romains établissaient chez les vaincus ne formaient jamais ce qu'on appelait *droit civil*, par la raison que ceux qu'elles régissaient n'étaient pas *cives romani ;* comme la victoire avait étendu au loin les diverses limites de cet empire, il y avait une grande différence dans les mœurs primitives des peuples qui le composaient : les conquérants, ou en conservant les lois aux nations conquises, ou en leur en imposant de nouvelles, devaient toujours les adapter au caractère différent de chacune : de là les dissemblances fort prononcées entre les diverses parties de cette vaste unité romaine, unité puissante qui étreignait toutes ces parties éloignées d'un vaste empire, avec cette énergie et cette force de cohésion qu'on retrouve aujourd'hui dans l'organisation britannique.

Cependant il y avait une certaine ressemblance, au moins un certain air de famille : ce sont ces analogies qu'ont recherchées et signalées des Romains, à qui leur position facilitait ces sortes de recherches ; les proconsuls, les préteurs, envoyés quelquefois successivement dans plusieurs pays différents, pouvaient se livrer à une étude locale des coutumes, des lois, des mœurs de ces différents pays. C'est ainsi que chez nous avaient été étudiés les rapports, les dissemblances des différents modes qui régissaient la France coutumière.

Le *droit civil* se subdivise en une infinité de parties :

La première et principale subdivision est celle du *droit écrit* ou *non écrit*. Le *droit écrit* a plusieurs sources, que nous allons sommairement indiquer, pour plus de clarté, avant de les analyser : c'étaient les *lois*, les *plébiscites*, les *sénatus-consultes*, les *constitutions* ou *principum placita*, lesquelles se décomposaient elles-mêmes en *édits*, en *rescripts* et en *décrets* ; c'étaient les *édits des magistrats* ou *droit prétorien*, et les *réponses des prudents*. Voici maintenant l'analyse de ces différentes sources qui alimentaient le *droit écrit* :

1° Les *lois*. Elles étaient faites par les plébéiens et les patriciens.

2° Les *plébiscites*, ou décisions prises par le peuple seul (*plebs*), sur la proposition d'un tribun. Elles devaient leur origine aux retraites du peuple mécontent hors la ville, retraites qui étaient en général pour lui un moyen de se soustraire aux actes d'oppression des patriciens usuriers. La loi *Hortensia* était venue donner force de *loi* à ces décisions populaires : capitulations dangereuses des pouvoirs de l'Etat avec la pétition à main armée! encouragement malheureux à l'insurrection!

3° Les *sénatus-consultes*, ou *décisions du prince* après qu'il avait consulté le sénat, consultation qui plus tard dégénéra en une simple formalité, et donna naissance à cette locution : *oratio principis*, c'est-à-dire consultation du prince au sénat, comme synonyme de loi, parce qu'en effet il suffisait au prince d'une simple communication de forme, communication qui équivalait au mot adoption de la loi. L'avis du conseil d'Etat, sous l'empire, reproduisait jusqu'à un certain point chez nous la forme du sénatus-consulte chez les Romains.

4° Les *constitutiones* ou *principum placita*, d'où vient notre locution de *bon plaisir*.

Cette manière de *législater*, si j'ose ainsi parler, avait trois modes de s'exprimer : les *édits*, décision générale et prise pour l'avenir par le prince seul : législation détestable que celle qui émane d'une seule volonté, absolue, arbitraire ; mais du moins était-ce encore ici une décision rendue pour l'avenir et sans soupçon de préférence individuelle, tandis que le second mode, le *rescript*, était une solution donnée par le prince à une difficulté existante ; conséquemment elle encourait le soupçon de partialité, de rétroactivité, comme le *décret*, troisième mode qui apposait l'autorité suprême sur un débat déjà élevé, et que tranchait la parole toute-puissante du prince.

5° Les *édits des magistrats* (*edicta magistratuum* ou *jus honorarium*), *droit prétorien*, offraient quelque analogie avec une institution qui se produisit plus tard en France ; je veux parler des arrêts de nos parlements : ils statuaient par voie de déclaration générale et réglementaire. Dans la législation moderne, celle qui présente le plus d'analogie avec l'édit du préteur et l'interprétation des jurisconsultes, dit un écrivain déjà cité par nous, M. Laboulaye, c'est certainement la *common law*, dont nous aurons à parler bientôt. Ces magistrats, à Rome, étaient les préteurs au nombre de dix-huit, mais ne formant qu'un même tribunal, comme aujourd'hui notre tribunal de première instance, divisé en huit chambres, ne forme qu'un seul corps, à l'instar des dix-huit préteurs, jugeant chacun séparément. Quoique cette loi soit en principe des plus vicieuses, cependant ces décisions étaient assez sages, sans doute parce que les préteurs, fort élevés en dignité, puisqu'ils étaient placés sur le même rang que les consuls, étaient inaccessibles aux brigues particulières, et que d'ailleurs, élus pour un an seulement, ils prétendaient à l'honneur d'emporter l'estime publique et de mériter pour l'avenir les chances d'une élection nouvelle. Mais, quelles que fussent les considérations qui pouvaient les inspirer, ce sont, au point de vue de la législation permanente d'un pays, de faibles et insuffisantes garanties que celles qui résultent des conseils isolés de l'intérêt privé : c'est un conseiller trop capricieux, et le bonheur public, fût-il durable, ne paraît jamais qu'accidentel, s'il ne repose pas sur un droit. Ainsi en est-il aujourd'hui encore dans certaines parties de l'Allemagne et de l'Italie : le gouvernement de l'Autriche, paternel et tolérant, celui de la Toscane, doux et modéré comme son climat, répandent un certain bien-être sans donner le bonheur, parce qu'ils semblent prêter comme un simple usufruit, et non reconnaître comme une propriété absolue, cette liberté, ou plutôt certains droits octroyés et précaires dont les peuples ne jouissent complétement que lorsqu'ils les savent inaliénables dans leurs mains. Chez nous même, à des temps fort rapprochés de celui-ci, sous la restauration, cette liberté, toute considérable qu'elle était déjà, ne satisfaisait pas la pensée nationale, parce qu'au vice d'origine de cette constitution, imposée par l'étranger, se joignait celui d'être une concession du gouvernement, et non pas un droit conquis par la nation elle-même. « On peut, en effet, dit un auteur couronné par l'Institut, sous une monarchie absolue, bénir un bon prince comme on bénit une bonne moisson; mais c'est le cas d'ajouter avec Machiavel : « Un Etat ne peut se dire libre, un système politique ne saurait être proclamé durable, qu'autant qu'il est fondé, dès le principe, sur de bonnes lois et ordonnances, et n'a pas besoin de compter sur la bonté des hommes pour se maintenir (1). » Aujourd'hui c'est un principe désormais ineffaçable de notre organisation politique, que les seules garanties sérieuses sont celles écrites dans la loi, dans la loi librement discutée et votée. Puisse cette pensée si simple, et pourtant si féconde, se propager dans l'esprit des peuples! seule elle peut les encourager à la liberté.

6° *Les réponses des prudents* (*responsa prudentum*). La nature de ces lois est assez incertaine. A Rome, se disait jurisconsulte qui voulait, prétendent les uns; d'où la conséquence que tout le monde pouvait faire des lois, ce qui est impossible. Mais alors, suppose-t-on, il y avait à peu près, comme chez nous, une sorte de tableau de jurisconsultes; hypothèse avec laquelle même il est inadmissible que tous les jurisconsultes inscrits pussent faire des lois. On a recours alors à une troisième supposition : c'est que le prince avait réuni auprès de lui un certain conseil de jurisconsultes (le *Digeste* renferme même un fragment assez curieux, c'est le récit d'une de ces séances intérieures du conseil). Ces jurisconsultes choisis, en l'absence du prince, avaient probablement le droit de faire des lois, de prendre des résolutions : de là cette dénomination de *responsa prudentum*.

Telles sont les différentes parties qui constituaient le *droit écrit*.

Le *droit non écrit*, faussement ainsi qualifié, car il était écrit, tout comme notre ancien droit coutumier, tirait son nom de cette différence avec le droit écrit, que celui-ci, proprement dit, devenait *loi* du moment qu'il était promulgué,

(1) M. Rathery, *Histoire des états généraux*, 184.

tandis que le *droit non écrit* devenait *loi* par le fait, et c'était le fait que l'on transcrivait sur le papier, comme l'expression d'une loi existante déjà, soit dans les *mœurs, la coutume,* soit par la force de l'*usage* ou par suite de cette puissance occulte, passive, qu'on désignait par l'expression assez vague de *receptum*. Il y a seulement cette observation à faire sur ces effets de la coutume, que tels ils étaient en effet quand l'autorité législative résidait dans le peuple ; mais, sur les questions où elle appartenait aux empereurs, les coutumes, ainsi que l'a dit Constantin, ne pouvaient prévaloir contre la loi : droit coutumier dont nous suivons les vestiges dans l'ancienne législation de la France, et encore aujourd'hui dans celle de l'Angleterre.

Tels, en abrégé, nous apparaissent quelques points de cette législation romaine vers laquelle notre vue se porte avec quelque bonheur. A la différence de cet instinct qui, parmi les animaux, les éloigne et les émancipe de leurs père et mère, qu'ils semblent ne plus connaître quand ils n'ont plus besoin de leur protection, un sentiment de gratitude nous paraît devoir rattacher les générations présentes aux générations passées, et parmi celles-ci la nation romaine nous semble plus que toute autre commander le respect et la reconnaissance.

DROIT ANGLAIS.

L'Angleterre est un des pays les plus curieux à étudier · sa puissance, sa grandeur, comme autrefois celle de Venise, maritime et aristocratique, vit de ses explorations lointaines ; plus moderne que l'ancienne reine de l'Adriatique, elle a subi dans ses institutions le mélange ou plutôt l'adjonction des idées nouvelles qui se sont réunies aux anciennes sans se mélanger. Voyez Venise et voyez Londres : ces deux belles cités, avec des physionomies différentes, éveilleront à peu près les mêmes pensées : toutes deux insulaires, confinées par la nature dans d'étroites limites, elles se sont étendues au loin par le commerce; elles ont pris au dedans, pour base de leur constitution, une vigoureuse aristocratie, et comme pour donner le change, la puissance de Venise, moins vaste que celle de Londres, affectait au contraire une pompe d'édifices et de palais, dont l'ancienne richesse contraste avec la simplicité grandiose de la cité britannique. Mais l'aspect de l'une et de l'autre éblouit à son approche, celle-ci par l'éclat encore majestueux de ses beaux palais de marbre, de ses temples encore splendides; celle-là par la grandeur de ses proportions, par l'activité effrayante de sa merveilleuse marine. Mais l'une est morte, tandis que l'autre, dans toute sa force, fait naître le désir de pénétrer dans son organisation intérieure.

Ce qui frappe d'abord chez elle, c'est le respect des traditions. Si ces traditions ont en effet leur valeur, l'immobilité, il faut le reconnaître, a ses dangers, les vieilles habitudes leurs inconvénients.

Nous avons dit, en parlant du droit romain, son immuabilité; nous avons dit les fictions à l'aide desquelles on détournait la signification primitive d'une disposition légale, pour ne pas avoir l'air de l'abroger. Ainsi en est-il à peu près en Angleterre : les vieilles coutumes y sont aujourd'hui encore toutes-puissantes; la législation, comme la langue, y conserve les traces de l'antiquité; et si la langue anglaise offre encore ce mélange de l'idiome français ou plutôt normand que Guillaume importa avec la conquête dans le langage anglo-saxon (1), il en est de même des coutumes et des lois : quelques-unes datent encore de l'invasion des Saxons, et le *Code* d'Alfred le Grand, monument aussi remarquable alors

(1) Les courtisans de Guillaume le Conquérant, flatteurs alors comme toujours, affectaient de parler à la cour l'idiome normand, rougissant de paraître anglais, se dénationalisant devant le nouveau maître. — Voir Hume, *Histoire d'Angleterre*, t. Ier, p. 256, — Koch, *Histoire du moyen âge*, t. Ier, p. 86.

que nos *Capitulaires* et nos *Établissements*, est comme la base du droit anglais.

Germe primitif de toute une législation, qui a traversé des siècles, entouré par les circonvolutions des âges, sans être détruit par eux : semblable à ces arbres séculaires, dans le centre desquels on trouve intact l'arbuste primitif, autour duquel le temps a tracé ses nœuds.

Les coutumes bretonnes, saxonnes, normandes, anglaises, se sont entées les unes sur les autres; aucune codification n'est venue classer cette collection confuse de dispositions successives et souvent contradictoires; législation antique et obscure, au milieu de laquelle semble errer encore l'ombre de Canut le Grand et d'Edouard l'Ancien.

Le jury, que Thouret regardait comme la manière de rendre la justice la plus voisine de l'infaillibilité, le jury, cette admirable institution que nous avons empruntée, ou, selon quelques écrivains, reprise à nos voisins, est l'une des plus anciennes chez eux; son origine se perd dans le IXe siècle et remonte à Alfred, grand dans les combats et dans la paix, premier créateur d'une sorte d'organisation sociale. Le jury constitue avec le principe de la liberté individuelle l'un des droits les plus sacrés pour les Anglais, et ils ont cette heureuse disposition de tenir avec énergie, avec une sorte de fanatisme, à certains principes qu'ils regardent comme essentiels à leur constitution. C'est ainsi que le sentiment de leur nationalité, cette source féconde des grandes choses pour un grand peuple, est parfois porté chez eux jusqu'à l'orgueil. Triste sujet d'observation, qui montre presque toujours une qualité par son excès voisine d'un défaut! d'où il résulte que les constitutions, ainsi qu'on l'a souvent remarqué, sont généralement menacées de périr par l'exagération même de leur principe.

Le jury forme donc l'une des institutions vitales de l'Angleterre; son organisation est à peu près la même que chez nous. Une différence cependant nous apparaît tout d'abord dans la condition même de son existence. En Angleterre, la seule base du jury, c'est le chiffre du revenu soit en propriété, soit par bail ; en France, nous le ferons remarquer à l'honneur d'un principe qui malheureusement n'est pas assez généralement adopté, la base pécuniaire n'est pas seule admise ; la part intellectuelle et morale a été faite dans la loi : la capacité et la position sociale ont paru offrir des garanties comme la fortune ; ainsi l'honneur de servir le Gouvernement dans des fonctions gratuites, celui de commander nos soldats sur le champ de bataille, les grades civils comme les grades militaires, fruits de longues études, gages d'instruction et de civisme, ont été honorablement admis comme un titre à cette magistrature momentanée qu'un citoyen est appelé à exercer vis-à-vis de ses concitoyens. Heureux moyen de moraliser un pays en lui apprenant la valeur de l'intelligence ! La condition pécuniaire, si elle est exclusive, est du reste moindre en Angleterre qu'en France : la première catégorie chez nous comprend les électeurs censitaires à 200 fr. ; là il suffit d'un *revenu* de 250 fr. ; quant à la condition d'âge, elle est aussi différente, n'exigeant que vingt-un ans au lieu de trente.

L'un des témoignages les plus respectables de l'indulgence professée par la loi anglaise pour un accusé, toujours réputé innocent tant qu'il n'est que prévenu, c'est la faculté qui lui est accordée en certains cas de récuser un juré sur la simple apparence physique.

Une autre disposition qui mérite d'être notée, c'est la latitude laissée au jury de former sa conviction sur un seul témoignage, excepté en matière de haute trahison ou d'offenses contre la couronne, cas auquel il faut au moins deux dépositions graves et sérieuses : principe tutélaire qui double la garantie en faveur de l'accusé, à mesure que l'accusation est plus considérable et soulève contre lui de plus hautes préventions.

Une prescription digne aussi d'attention, parce qu'elle révèle les habitudes pieuses dont la loi civile elle-même reçoit quelque reflet, est celle relative au serment prêté par les diverses croyances, serment dont la sainteté est invoquée avec impartialité par la loi au nom d'une Providence également protectrice de la vérité sous tous les cultes : sanction auguste de la probité humaine!

La liberté individuelle, qui chez nous, de tous temps, a été si mal comprise et si peu respectée, a toujours paru aux Anglais un principe sacré. Chez ce peuple, d'une piété puritaine et sévère, certains principes politiques ont été élevés à la dignité d'un dogme religieux : à la différence de la France, où les idées ont un cours plus facile, plus rapide, plus transparent à tous les yeux, mais aussi plus changeant; elles sont, en Angleterre, plus pesantes et plus confuses, mais aussi plus tenaces. On a répété bien souvent, et avec beaucoup de justesse, que les idées, pour parcourir utilement le monde, avaient besoin du courant de la France, c'est elle qui leur donne une circulation régulière et européenne; on doit en quelque sorte leur appliquer le procédé suivi pour l'or : il faut qu'elles reçoivent pour ainsi dire l'empreinte française pour avoir un cours légal. Cela tient, selon nous, à la clarté de notre langue, à la sociabilité de nos mœurs, à la franchise, à la loyauté de notre caractère, à la netteté de notre esprit. Mais si nous avons ces avantages, nous subissons aussi certaines imperfections de notre nature : si, comme le vol de certains oiseaux, nos pensées sont plus rapides et plus légères, comme lui aussi elles sont plus impétueuses et plus brusques dans leurs changements, et le défaut de fixité est aussi un défaut. Ainsi nous sommes disposés à déplacer assez facilement certains principes, dont l'immuabilité chez nos voisins atteste la grandeur; ils nous inspirent une estime souvent plus théorique que pratique, tandis que chez eux le fait répond au droit. Celui dont nous parlions plus haut, celui de la liberté particulière, est, suivant la division des jurisconsultes anglais, formé 1° *du droit de propriété*, c'est-à-dire du droit de jouir exclusivement des dons de la fortune ou des fruits quelconques de son industrie; 2° du droit de *sûreté personnelle;* 3° de la *faculté locomotive*, soit la liberté prise dans un sens plus particulier. Cette distinction, établie par Delolme (1), constate la valeur de l'individu sous ses trois modalités, valeur qui diminue toujours à mesure que le principe despotique ou aristocratique augmente, et qui dans les derniers siècles de Rome, par exemple, « s'était réduite à ce point de ne plus faire de la nation qu'une foule anonyme, désignée seulement par l'ère de son maître (2). » C'est qu'en effet l'individualisme joue un grand rôle dans la législation britannique; son importance forme même une sorte de contraste avec le principe aristocratique qui règne dans cette constitution. Ce contraste, au surplus, se retrouve dans l'organisation même du gouvernement : l'élément démocratique, qui n'est autre chose que la considération de l'individu dans sa personnification la plus vulgaire, se combine et se choque sans cesse avec l'élément aristocratique, qui est au contraire la négation de l'individualité démocratique. Ce contraste, dans les principes même du gouvernement, se reproduit dans tous les détails de cette puissante administration, et nous paraît devoir engendrer tôt ou tard une séparation violente, pour cause d'incompatibilité d'humeur, entre des partis mal assortis. Je ne comprends pas, en effet, ce respect en quelque sorte superstitieux pour l'aristocratie de la part d'un peuple dont les lumières, source du principe constitutionnel et représentatif, sont précisément contradictoires et antipathiques au principe aristocratique, dont la source est l'ignorance des masses. Quoi qu'il en soit, cette organisation, dont les diverses parties semblent comme assemblées de force,

(1) Delolme, *Constitution de l'Angleterre*, t. I, p. 93.
(2) Mme de Staël, *Corrine*, chap. V, p. 185.

produit un ensemble énergique et puissant, dont le sentiment pénètre tous les membres de cette grande corporation : chacun d'eux, pour ainsi dire abrité par l'autorité centrale, reçoit comme un reflet de la grandeur commune. Ce reflet de la patrie le suit au loin : chaque Anglais porte en lui et avec lui la dignité de son pays ; souvent il s'en exalte jusqu'à l'orgueil, jusqu'à l'injustice, jusqu'à la violence, lorsqu'il est poussé par son intérêt et appuyé par la force.

Quant à ce droit de liberté individuelle, la loi anglaise y attache la plus grande valeur ; elle le regarde comme essentiel à la nature de l'homme, et n'en a jamais permis la suspension sans les plus graves motifs. Elle ne veut pas que ce soit par la simple volonté du magistrat, mais par l'ordre exprès qu'elle en donne. Voici comme la grande charte s'exprime à cet égard : « Nul homme libre ne peut être arrêté et emprisonné qu'en vertu d'un jugement de ses pairs et par une permission ou par ordre exprès de la loi (1). » C'est la mise en œuvre de la pensée de Beccaria, « qu'il n'y a point de liberté toutes les fois que les lois permettent qu'en de certaines circonstances l'homme cesse d'être une *personne* pour devenir une *chose* (2). » La fameuse loi d'*habeas corpus*, expressive par sa seule qualification, a deux objets : l'un préserve tout citoyen contre l'incarcération, au moyen de la caution; l'autre contre l'exil, un Anglais ne pouvant jamais être contraint, malgré lui, de quitter le sol natal, soit par suite de fonctions au dehors, excepté pour le service maritime ou militaire, soit par pénalité; car la déportation elle-même n'a été admise que comme une option laissée au condamné à une autre peine, ou comme une décision spéciale du parlement, représentant légal de la nation tout entière, et pouvant prononcer en son nom.

---

(1) Blackstone, t. I, p. 197.
(2) Beccaria, *Traité des délits et des peines*, p. 124.

La faculté de donner caution pour se soustraire à l'effet de tous ordres d'arrestation (*warrants for arrest*) est général, sauf quelques rares exceptions déterminées par la loi.

La procédure criminelle repose sur ces principes tutélaires de la sûreté, de la dignité individuelle, et si des exemples funestes n'attestaient, à diverses époques de l'histoire d'Angleterre, les égarements et la cruauté de la justice politique, la justice criminelle pourrait, à bon droit, y revendiquer les éloges de tous les hommes de bien. Elle semble inspirée par la philanthropie la plus pure. Il y a une certaine difficulté à concilier dans le droit criminel les principes d'humanité et même d'indulgence envers l'accusé avec les intérêts de la société. La procédure, nous pourrions dire les procédés en matière criminelle, sont empreints dans le droit anglais de modération, et placent la justice à un haut degré d'impartialité vis-à-vis du prévenu (1). « Autrefois chez les nations barbares, dit Montesquieu, rendre justice n'était autre chose qu'accorder à celui qui avait fait une offense la protection contre la vengeance de celui qui l'avait reçue, et obliger ce dernier à recevoir la satisfaction qui lui était due. De sorte que chez les Germains, à la différence de tous les autres peuples, la justice se rendait pour protéger le criminel contre celui qu'il avait offensé (2) » Il n'en est pas tout à fait ainsi chez les Anglais; mais il y a du moins non pas dans l'application, mais dans les préliminaires du jugement, une sollicitude manifeste pour le prévenu : la présomption d'innocence est toute-puissante. Ils ne portent pas le scrupule si loin que les anciens Goths de Germanie, qui avaient la coutume de débattre deux fois toutes les affaires importantes, une fois ivres et une fois à jeun :

(1) The image of justice is formed vith six eyes, two before, as many behind, and on each side, one, to signify circumspection; wisth a bag of gold open id her right hand, aud a sword sheathed in her left, to show she is more disposed to reward than to punish. (Gulliv... chap. VI.)

(2) Montesquieu, *Esprit des lois*, liv. XXX, chap. XX, p. 47.

à jeun, pour que leurs conseils ne manquassent pas de prudence ; ivres, pour qu'ils ne manquassent pas de chaleur (1). Mais une déclaration de peine capitale ne peut être prononcée qu'à l'unanimité du jury. Et telle est la vigilance de la loi sur l'accusé, que son aveu même de culpabilité n'est reçu qu'avec une extrême circonspection : dans ce cas, le magistrat lui conseille de retirer son aveu et de se défendre. Bien différent en cela du magistrat en France, qui croit devoir poursuivre l'accusé jusques dans les derniers retranchements de sa défense

En Angleterre, le président se fait, en quelque sorte, le protecteur de l'accusé pendant les débats, puis, au gré de Montesquieu, « il devient pour ainsi dire la bouche qui prononce les paroles de la loi, un être inanimé qui n'en peut modérer ni la force ni la rigueur (2). »

La manière de rendre le jugement facile au justiciable, c'est la généralisation aussi fréquente que possible du jury. « Si le juré, dit Delolme, n'a pas ce long exercice qui donne l'expérience, il n'a pas non plus la dureté de cœur qui en est la suite, et, apportant au pied du tribunal tous les principes, je dirai même tout l'instinct de l'humanité, il n'exerce qu'en tremblant la fonction redoutable à laquelle il se voit appelé, et, dans les cas douteux, il se jette toujours du côté de la douceur (3). » « Cette institution du jury, conservée en Angleterre dans toute sa pureté primitive, s'est altérée successivement et enfin perdue totalement dans toutes les autres contrées de l'Europe où on l'avait connue. Elle fut en usage parmi les Normands longtemps avant qu'ils eussent envahi l'Angleterre, et elle s'était éteinte en Normandie. Ce fut même de très-bonne heure qu'elle commença à y dégénérer. En Suède, où, selon l'opinion des savants du pays, la procédure par jurés a pris naissance, il ne s'est conservé dans quelques contrées reculées

(1) Sterne, t. III, p. 169.
(2) Montesquieu, *Esprit des lois*, liv. II, chap. VI, p. 236.
(3) Delolme, t. I, p. 181.

de ce royaume que quelques formalités de cette institution, car, d'ailleurs, les jurés y sont établis à vie et ont un salaire en conséquence. En Ecosse, le voisinage de l'Angleterre n'a pu y conserver aux jugements par jurés leur ancienne et vraie forme ; l'unanimité n'y est point requise, m'a-t-on dit, pour former un verdict ; c'est la majorité qui décide (1), » comme en France, majorité dont les nouvelles proportions se trouvent en désaccord si considérable avec le procédé britannique, au préjudice de l'accusé. Ce sentiment du reste, qui inspire tant de soin pour l'accusé, dérive de la même source que celui qui protége la liberté du citoyen; ce sentiment commun, c'est le respect de l'individualisme. Respect protecteur de la dignité humaine, quand il concerne les *droits*, mais moins estimable quand il concerne les *intérêts*.

Le système pénal, ce problème si difficile à résoudre, a reçu en Angleterre, comme dans tous les pays éclairés, de notables améliorations. L'usage du fouet pour les femmes a été aboli, comme aussi la peine du bûcher pour les femmes convaincues de crime contre l'Etat. Le condamné ne peut plus être pendu enchaîné, et le corps des meurtriers ne peut plus être disséqué. La peine capitale n'est plus réservée que pour les crimes de haute trahison, le meurtre, le rapt suivi de viol, la sodomie, le vol avec effraction ou le vol sur la grande route, accompagné de meurtre ou de blessures graves. La confiscation en matière de vol s'exerce sur les biens mobiliers du coupable et sur ses produits immobiliers, sa vie durant; dans le cas de haute trahison, la confiscation est complète. La mort a été supprimée pour le faux, le sacrilége, l'effraction ou le vol, eût-ce été de cinq livres, dans une maison habitée, ou enfin l'évasion du lieu de déportation.

Le droit de grâce (*the power of pardon*) appartient à la couronne dans toutes les condamnations pour crimes publics,

(1) Delolme, 2-99.

mais non pour des causes privées où l'intérêt individuel est seul maître de sa décision ; le droit de grâce est aussi paralysé par l'opposition du parlement. Enfin l'acte suprême de la procédure criminelle, c'est l'exécution qui s'opère par suite de cette annotation du juge en regard du nom du condamné : *Let him be hanged by the neck!* (Qu'il soit pendu par le cou !)

A l'exception du jury, tout est confusion, obscurité dans le domaine judiciaire de l'Angleterre. Nous avons vu les sources du droit romain, nous avons dit certaine analogie entre ces deux droits. En effet, la loi, en Angleterre, se divise en loi *non écrite*, appelée aussi *commune loi* (*common law*), et loi statuée (*statute law*).

La loi *statuée* ou *écrite*, comme la loi *traditionnelle*, est fort ancienne. Au commencement du XIe siècle, nous dit Blackstone, la loi avait pour ainsi dire des divisions géographiques : 1° la loi west-saxonne (*west-saxon lage*) régnait au sud et à l'ouest du comté de Kent, dans le Devonshire ; 2° la loi mercienne (*mercen lage*), mélange de droit écrit et de coutumes bretonnes et druidiques, avait son siége dans les contrées du centre et sur le territoire limitrophe du pays de Galles, séjour des anciens Bretons ; 3° la loi danoise (*dane lage*), dont le nom trahit l'origine et la nature, avait pris naissance et s'était développée surtout sur les côtes orientales de l'île, les plus explorées par la piraterie. Souvenir bizarre, source inaccoutumée d'un droit !

Les provinces septentrionales étaient régies par un système différent. Edgard, qui rendit des lois assez sages, dont il se montra mauvais observateur (1), commença l'œuvre mieux poursuivie par son petit-fils Edouard le Confesseur ; ce prince, fort éclairé déjà dans ces temps de ténèbres, tenta et accomplit heureusement une œuvre utile : il généralisa à tout son royaume,

(1) Il poignarda un de ses favoris, mari de la belle Elfrida, et épousa sa veuve.

sans distinction de races, l'application des lois et règlements; conséquence heureuse d'une classification qui, en éclaircissant la loi, la vulgarise, et fut, selon certains commentateurs, l'étymologie du mot : loi commune (*common law*). Il y a peut-être exagération à rappeler le nom d'Edouard à côté des noms de Justinien et de saint Louis. Il eut pourtant avec ce dernier cette triple ressemblance d'avoir été, comme lui, guerrier, législateur et canonisé; et, comme Justinien, il corrigea et codifia plutôt qu'il ne créa une législation déjà existante avant lui, mais bien inférieure à celle des Institutes. Mais, de même que la *Grande Charte* publiée par Jean sans Terre n'est autre chose que la charte des Saxons publiée par Edouard l'Ancien, et appropriée à l'époque par Jean, de même aussi la législation d'Edouard se borne presque à une codification des lois d'Alfred le Grand, quelque peu modifiée par les mœurs, par le cours des années.

Un autre rapprochement historique assez curieux entre la France et l'Angleterre, c'est que le nom de Jean semble empreint de fatalité pour le souverain qui le porte : en France, c'est un enfant, c'est le successeur de Louis le Hutin, qui prend à peine rang dans la nomenclature des rois de France, et meurt après avoir vécu et régné huit jours ! C'est, plus tard, l'infortuné successeur de Philippe de Valois, dont la mémoire est chargée de tant de désastres, et n'offre, pour toute compensation, qu'un mot honorablement cité par l'histoire (1). En Angleterre, c'est ce prince dont le surnom indiquait d'abord une simple infériorité territoriale, c'est Jean *sans Terre*, dont le règne fut une longue querelle avec le pape, avec les barons, avec la France, au banc de laquelle il fut cité et condamné à la confiscation de ses fiefs. Et comme si le hasard avait voulu accroître encore l'analogie, Jean II et Jean sans Terre furent

(1) C'est à propos du traité de Brétigny que le roi Jean dit : « Si la bonne foi était exilée de la terre, elle devrait se retrouver dans le cœur d'un roi de France.»

tous deux contraints de donner, contre leur gré, à leur peuple, des institutions qui prirent, dans les deux pays, le nom de charte : concessions que les nations ont tant de peine à arracher toujours, en tous pays, à leurs gouvernements ; résistance tellement innée chez tous les rois, qu'ici même un prince humilié comme l'était Jean sans Terre, ou captif comme l'était Jean II, disputaient à leurs pays ces droits sacrés dont la source est le droit naturel, et dont la conquête demande cependant tant d'efforts, de persévérance et d'énergie ! Lutte incroyable, fatale, incessante entre les gouvernements et les peuples ; lutte parfois sanglante, soutenue, à l'époque dont nous parlons, en France, par les communes naissantes contre la féodalité (1) ; lutte d'où elle est sortie, alors comme toujours, plus tôt ou plus tard, comme toute force nationale, triomphante et glorieure ; lutte permanente que l'aveugle obstination des gouvernements fait périodiquement éclater en leçons violentes qu'on appelle des révolutions !

Quoi qu'il en soit, l'histoire impartiale tient compte aux souverains de leurs bienfaits, de leur bon vouloir même, et Édouard le Confesseur en donna un témoignage dans sa codification.

Sans pénétrer avec les jurisconsultes dans les distinctions établies entre les actes publics ou particuliers, déclaratoires ou abrogatoires, extensifs de la *loi commune*, nous nous contenterons de reconnaître qu'émanant du vœu de la trinité législative, ces décisions aujourd'hui réduisent au silence, dans tous les cas où elles sont rendues, et la *loi commune* et les statuts antérieurs. Elles ont même cette autorité de s'imposer aux juges, même dans la supposition que les parties aient négligé de les invoquer, à moins qu'il ne s'agisse d'actes particuliers, étrangers aux intérêts généraux.

(1) C'est, en effet, aux XIIIe et XIVe siècles que se révéla l'idée nouvelle de la commune luttant avec l'idée ancienne de la féodalité. (*Voir une brochure du commandant Ambert sur la bataille de Crécy.*)

La loi *non écrite*, dite aussi *commune loi* plus spécialement que celle d'Édouard (1), est, comme chez les Romains, ainsi appelée, non par suite d'une existence purement verbale, transmise pour ainsi dire de bouche en bouche, de génération en génération, ainsi que semblerait l'indiquer son nom, mais parce qu'elle n'est fondée sur aucun acte connu de la puissance législative. « C'est de la coutume immémoriale, dit Delolme (2), qu'elle tire sa force, et elle a son origine, soit dans les anciennes lois saxonnes, soit dans les actes de parlements postérieurs à la conquête, surtout ceux qui sont antérieurs au temps de Richard Ier, et dont les originaux sont perdus. » La *commune loi* comprend surtout les différentes manières d'acquérir la propriété, les successions et les solennités voulues pour la validité des contrats; objets sur lesquels la loi commune n'est pas d'accord avec le droit civil. Ainsi celle-ci consacre le droit d'aînesse pour la transmission des propriétés, base fondamentale de l'aristocratie; ainsi elle admet la simple écriture comme mode d'acquérir la propriété, tandis que, selon le droit civil comme selon le droit (3) romain, il faut de plus la tradition ; ainsi elle règle la réparation des dommages, les offenses, les pénalités : c'est elle, en un mot, qui sert de guide et d'éléments de décision à pres-

(1) La dénomination de *communes lois*, appliquée à celles rendues par Édouard, comprendrait les lois écrites et appliquées par lui à toute l'Angleterre sans distinction de races, ainsi que nous l'avons vu; tandis que la classification généralement adoptée distingue la loi *écrite* de la loi *non écrite* ou *commune*.

(2) Delolme, *Constitution d'Angleterre*, t. I, p. 100.

(3) En droit romain la convention ne suffisait jamais pour transférer la propriété ; il fallait la tradition accompagnée de *justa causa* ou *justus titulus*, c'est-à-dire de l'intention réciproque d'acquérir et d'aliéner : *dummodo intervenerit consensus de transferendo dominio, quamvis dissenserimus circa causas transferendi*. Il y avait, du reste, deux sortes de traditions, celles de longue et de brève main. Quelques commentateurs admettaient aussi la tradition symbolique, qui n'était autre que la tradition de longue main. La tradition, en un mot, c'était *datio possessionis, animo domini ; possessionis animo suo, etiamsi corpore alieno.*

que toutes les cours de justice. Aussi a-t-on soigneusement conservé, sous le titre de *records*, les décisions et les coutumes locales, dont l'ensemble forme un véritable monument judiciaire.

Ces traditions, réunies sous le nom de *præteritorum memoria eventorum*, remontent aux temps les plus reculés, au commencement du XIVe siècle, à Édouard II ; et l'on comprend que cette vétusté, aussi bien que cette diversité de coutumes particulières, empruntées aux comtés, aux villes, aux communes, aux manoirs, aux baronies, répandent sur toute cette législation un certain intérêt historique, mais en même temps une malheureuse confusion et même d'inévitables contradictions, conséquence fâcheuse de cette accumulation bizarre. Une observation même singulière, c'est qu'une coutume, pour valoir, doit se perdre dans la nuit des temps ; le signalement de son origine serait celui de sa déchéance ; car la première condition de la validité d'une coutume, c'est d'être, dans la rigueur du mot, *immémoriale*.

Si l'on veut suivre avec quelque attention les rapports de la législation des Anglais avec celle des Romains, on trouvera dans les sources du droit, chez les uns et chez les autres, une grande analogie. Nous n'avons pas oublié qu'à Rome, comme à Londres, on distinguait le droit écrit du droit non écrit. Je ne parle pas des grandes divisions de droit naturel ou droit des gens, qui sont en quelque sorte, pour leur application, cosmopolites ; mais, nous renfermant dans les limites du droit privé ou civil, nous trouvons d'abord cette ressemblance entre les deux nations d'une égale fidélité à la loi primitive : chez les Romains, c'était ce respect religieux pour la loi, immuable comme le marbre sur lequel elle était gravée ; chez les Anglais, c'est le même culte du passé, la même vénération pour la charte des Saxons, pour la loi d'Alfred le Grand. Immobilité impossible, à laquelle on ne trouve de dérogation chez tous deux qu'à l'aide de fictions dont nous avons déjà signalé les vices. Ces fictions, véritables abrogations des lois antérieures, ont le double inconvénient d'être un mensonge et une complication.

Les édits des magistrats, les réponses des prudents, à Rome, ne sont-ils pas comme reproduits dans cette partie de la législation britannique qui émane de l'autorité de quelques anciens jurisconsultes? Glanvin, sous Henri II; Bracton, sous Henri III; Fleta et Littleton, à une époque plus moderne; sir Edward Coke, chief-justice sous Jacques Ier, auteur de quatre livres d'instituts, et aujourd'hui l'oracle de la commune loi, forment une sorte d'aréopage de la science qui rappelle assez l'antique majesté des Romains, des deux émules Paul et Papinien, Ulpien, Gaïus et Tribonien.

La loi *non écrite*, comme à Rome, doit une partie de son existence à la *coutume*; pourtant certaines coutumes diffèrent entre elles : ainsi celle de *Gavelkind*, dans le comté de Kent, par dérogation au principe du droit d'aînesse admis par la commune loi, ordonne l'égalité de partage entre les fils; celle appelée *borough english*, existante dans quelques bourgs, dispose que le cadet succède de préférence à l'aîné. Ainsi la loi *commune* n'attribue à la veuve, comme douaire, que le tiers des terres de son mari, tandis qu'un autre usage lui en confère la totalité. « C'est ainsi, dit un publiciste anglais, souvent consulté et cité (1) par nous, que la loi non écrite, outre les coutumes générales, comprend quelques coutumes particulières, qui sont un reste des anciennes lois saxonnes échappées au désastre de la conquête. » La loi non écrite a donc cette ressemblance avec la loi écrite, de n'être pas plus uniforme qu'elle dans ses prescriptions, et de différer d'elle-même dans son propre domaine, selon certaines localités ou certaines traditions.

Par suite d'une division légale particulière à l'Angleterre,

(1) Delolme.

le *droit civil* est relégué dans la loi *non écrite*, « parce qu'il n'est reçu non plus, dit Delolme, qu'en vertu d'une coutume immémoriale. » Il est suivi dans les cours ecclésiastiques, dans la cour de l'amirauté, et dans les cours des deux universités; mais il n'y est que *lex sub lege graviori*, et ces différentes cours doivent se conformer aux actes du parlement, au sens qu'y donnent les cours de la commune loi, et sont soumises à leur inspection.

La ville de Londres, en ce qui concerne les orphelins, les veuves, les apprentis, le commerce, etc. (1), est régie par une législation en quelque sorte exceptionnelle et sanctionnée par le parlement, qui a aussi sanctionné les coutumes de *Gavelkind* et des *bourgs anglais*, dont nous parlions tout à l'heure.

Si l'antique Rome brille encore dans l'histoire par sa gloire et par ses lois, la Rome moderne exerce dans l'univers un empire d'un autre genre, mais peut-être aussi absolu et aussi durable. Ses lois ont de l'écho en Angleterre. La religion y est puissante et respectée. L'Eglise anglicane, indépendante de l'Eglise romaine, a cependant souvent écouté sa voix et suivi ses préceptes. Le droit canon, composé des opinions des anciens Pères de l'Eglise, des décrets des conciles, des épîtres et bulles du souverain pontife, sert de base à un droit ecclésiastique dont les dispositions sont appropriées au culte anglican. Cette organisation comprend même une juridiction religieuse. Quatre cours composent cette juridiction; mais, conformément aux prescriptions de notre charte, pour l'ordre judiciaire en France, cette juridiction ecclésiastique, en Angleterre, émane du roi, juge suprême, même en fait de religion, d'après les termes mêmes du statut de Henri VIII, qui déclare le roi chef de l'Eglise, témoignage solennel de la sub-

(1) Cette partie de la législation est comprise sous le nom de *Coutumes des marchands*.

ordination de toutes les parties du gouvernement à son unique souverain : principe protecteur de l'ordre général, dont la surveillance et le maintien appartiennent et doivent appartenir au chef suprême de l'Etat.

L'organisation judiciaire est assez compliquée en Angleterre. Nous allons essayer d'en donner un aperçu :

Le droit de rendre la justice appartient à des tribunaux supérieurs ou à des tribunaux inférieurs, qui portent tous le nom de cours : celles de Westminster, cours supérieures, ont une juridiction générale et un contrôle sur les autres.

Une distinction fondamentale est celle de cours *of record*, c'est-à-dire avec greffe, archives ; et cours *of not record*, c'est-à-dire conséquemment sans archives. La compétence des premières, qui sont, par exemple, celles du banc de la reine et des plaids communs (*queen's bench et common pleas*), comprend toutes les affaires d'une importance de 40 schellings et au-dessus, et celles qui peuvent entraîner l'amende ou l'emprisonnement ; les secondes, qui sont les cours des comtés et des barons, forment la juridiction inférieure.

La première catégorie renferme la chambre des lords, la cour de chancellerie, la cour du banc de la reine, la cour des plaids communs, la cour de l'échiquier, la chambre de l'échiquier, le comité judiciaire, la cour de *nisi prius*, la cour d'assises, la cour générale des sessions trimestrielles, et la cour pour alléger le sort des débiteurs insolvables.

La seconde catégorie se compose des cours de comtés, de la cour foncière, de la cour du baron, et de la cour du pied-poudré.

Une troisième division est celle de quelques tribunaux spéciaux. Par exemple : les cours de conscience, lesquelles n'ont aucun caractère ecclésiastique, comme semblerait l'indiquer leur dénomination ; les cours de hakney et de stepney, la cour du shériff et celle du lord-maire, la cour du palais, et la cour des égouts.

Un tribunal maritime : c'est la cour de l'amirauté.

Enfin les cours ecclésiastiques, dont nous avons déjà parlé; la cour des arches, la cour des priviléges, la cour des prérogatives, et la cour des délégués.

La chambre des lords est la première cour du royaume. Ses attributions sont singulières : elle juge tantôt par voie d'appel, tantôt par évocation directe; mais toujours en dernier ressort.

La cour de chancellerie a une existence fort ancienne; elle tire son nom du mot *cancellarius*, son juge, du latin *cancellando*, *cancellare*, *rayer*, *biffer*, parce qu'il avait le droit de *briser* les lettres patentes du roi, expédiées contrairement à la loi. Tout est capricieux, anormal dans ses attributions; ses décisions sont, ou conformes à la loi commune, ou inspirées par la seule équité. Le lord chancelier à ses attributions judiciaires joint des attributions administratives et politiques : juge suprême, il a en même temps droit de nomination aux justices de paix, il est le conseiller privé de la couronne et président de la chambre des lords. Et, comme si l'anomalie de ses attributions diverses et presque contradictoires n'était pas encore assez flagrante, il y joint des fonctions mystiques : il est le gardien de la conscience royale, le protecteur des hôpitaux, des colléges, des orphelins, des lunatiques, des établissements de charité, le dispensateur des pensions du livre royal inférieures à 20 liv. st. Ce tribunal auguste, composé, tantôt d'un seul magistrat, tantôt de plusieurs, compte en totalité cinq membres : le chancelier, trois vice-chanceliers, et le maître des rôles. La considération personnelle qui s'attache au caractère et à la science de ces honorables magistrats est la seule garantie qu'ils offrent au pays : garantie précieuse, sans doute, mais bien insuffisante au point de vue des institutions permanentes et nationales du gouvernement représentatif. Aux gouvernements absolus les garanties personnelles; aux gouvernements constitutionnels les garanties légales.

La *cour du banc de la reine* (*queen'sbench*), composée d'un président (*chief justice*) et de quatre juges, appelés juges *putnés*, est le tribunal suprême de *loi commune* (common law); sa juridiction, inférieure à celle de la cour de chancellerie, est pourtant fort élevée. Les cours inférieures du royaume en relèvent; ses attributions ne sont même pas purement judiciaires : mélange bizarre de fonctions diverses dont la simplicité et l'unité merveilleuse de notre organisation nous préserve heureusement aujourd'hui; ainsi, en Angleterre, la cour du banc de la reine ne réunit pas seulement, comme notre cour de cassation, à sa judicature ordinaire, un droit extraordinaire de censure sur les membres de la magistrature du royaume, droit respectable qui participe tout à la fois de ce principe protecteur : jugement par ses pairs, et de la supériorité de cette haute magistrature. La cour du banc de la reine se trouve encore revêtue de fonctions administratives; elle surveille les corporations, protége la liberté individuelle par une intervention prompte et sommaire, comme en référé chez nous. Ses décisions peuvent être déférées par voie d'appel, soit à la chambre des lords, soit à la chambre de l'échiquier, selon l'espèce. Ainsi elle se trouve en même temps tribunal en premier ressort, vis-à-vis de ces deux cours, et tribunal d'appel vis-à-vis de la cour des *plaids communs*.

La *cour des plaids communs* (*common pleas*), composée d'un président et de quatre juges, étend sa juridiction sur tout le royaume; elle ne connaît ni des affaires criminelles ni des actions publiques, mais seulement des affaires civiles, et par voie directe ou par renvoi des cours inférieures; alternative bien moins régulière que la distribution simple, claire, méthodique de notre mécanisme judiciaire. La cour des plaids communs continue la juridiction de l'*aula regis*, autrefois tenue par le roi lui-même, longtemps ambulatoire, rendue sédentaire sous le roi Jean, et établie à Westminster dans les termes suivants par la grande charte : *Communia placita non sequantur curiam regis, sed teneantur in aliquo certo loco* (1).

La *cour* et la *chambre de l'échiquier* sont deux juridictions distinctes, qui ont emprunté leur dénomination au tapis échiqueté qui couvre la table sur laquelle étaient marquées et comptées avec des jetons les sommes destinées au règlement de certains comptes du roi. La première, destinée d'abord au jugement des affaires relatives au revenu public, a dérogé à sa mission primitive et connaît de toute action personnelle comme de toute autre de la compétence du banc de la reine.

La chambre de *l'échiquier* (*exchequer chamber*) a un droit de révision sur les arrêts des autres cours : droit assez confus du reste, car il s'exerce avec une sorte de réciprocité mutuelle entre ces différentes cours, et même pour ainsi dire par anticipation pour certaines difficultés soumises à l'appréciation des cours inférieures.

Le *comité judiciaire* (*judicial committee*) connaît par voie d'appel des décisions des cours ecclésiastiques, maritime et coloniale.

La *cour de nisi prius* doit ce nom, ainsi qu'on le devine facilement, à une prétérition, dont voici l'explication : anciennement toutes les affaires du ressort de cette cour devaient être jugées à Westminster, où étaient convoqués les jurés, à moins que les juges ne réunissent les assises du comté, *nisi prius justitiarii ad assisas capiendas venerint*. Ces assises de *nisi prius*, composées de jurés et de deux juges de *circuit*, parcourant deux ou trois fois par an l'Angleterre, jugent toutes les offenses civiles ou criminelles.

L'autre cour *d'assises* ou d'*old bailey* connaît des injures commises dans la métropole et quelques comtés voisins, et des affaires du ressort de l'amirauté.

La *cour de sessions* (*general quarter sessions*) est tenue par

(1) Magna Charta, cap. II.

deux juges de paix, au moins, chaque trimestre et dans chaque comté, pour statuer sur tous les actes portant atteinte à l'ordre public.

Enfin la *cour des débiteurs* (*court for relief of insolvent debtors*), cour *of record*, est composée de trois juges de circuit, chargés de recevoir par tout le royaume, excepté en Écosse et en Irlande, au moins deux fois par an, les requêtes des débiteurs insolvables.

Tel est l'ensemble abrégé des juridictions de la première classe.

La seconde comprend, avons-nous dit, les cours de comtés tenues par les shériffs; en voici l'indication sommaire : la cour foncière (*court leet*), sorte de tribunal municipal, établi pour juger les contraventions fiscales.

La cour du baron ou des francs-tenanciers (*court baron*), souvenir de l'ancienne féodalité, ne se réunit que sur une ordonnance royale, et prononce sur les questions de fiefs, de redevances, de foi et hommage, etc., etc.

La troisième, la moins importante et en même temps la plus expéditive de ces juridictions de second ordre, c'est celle de *pied poudré* (*curia pedis pulverisati*), ainsi appelée, selon certains commentateurs, des pieds peu propres des plaideurs, ou, selon sir Edouard Coke, parce que la justice s'y administre aussi promptement que la poussière s'enlève des pieds. L'étymologie que nous en donne un savant auteur moderne nous parait plus ingénieuse et plus vraisemblable : ce mot, selon lui, dériverait de *pied puldreau*, qui, en vieux français, désignait un colporteur et désignerait conséquemment ici cette justice distributive et pour ainsi dire pédestre aux petits marchands forains qui courent les marchés. Tribunal modeste qui m'en rappelle un de ce genre, bien simple aussi, et pourtant presque solennel par le respect dont je l'ai vu environné : c'était en Afrique, aux pieds de l'Atlas, dans la plaine de la Métidja, un jour de marché aussi, marché de Bouffarick, auquel affluaient, comme les peuplades tartares aux fameux marchés de la Russie, les tribus de la plaine et des montagnes. A l'une des extrémités de ce bazar apparaît un vieillard, brillant de son costume, de son armure arabes (car chez ces nations primitives, les armes sont l'attribut du magistrat comme du soldat). Monté sur un cheval barbe, escorté de deux cavaliers, il traverse lentement cette foule, mêlée de populations diverses, qui toutes lui ouvrent respectueusement leurs rangs' s'inclinent à ses pieds, et les baisent humblement; il va s'asseoir, à la mode orientale, sur des coussins préparés pour lui sous une tente au milieu du marché. Je le vois encore, avec une gravité paternelle, écoutant les dissidents, apaisant d'un geste, d'un regard, les flots parfois tumultueux de ces peuplades orientales et mercantiles. Vénérable par son âge et par ses fonctions, le kaïd rendait à tous une justice prompte, facile, acceptée silencieusement par tous. Tant est puissante sur tous les hommes l'autorité morale; tant est profond dans l'âme de tous le sentiment de la justice!

En revenant de l'Algérie à l'Angleterre, entre lesquelles il y a du moins ce rapport d'une égale déférence au magistrat représentant de la loi, nous ne pénétrerons pas dans les détails de cette juridiction spéciale que nous avons signalée plus haut; subdivisions microscopiques, qui, par la multiplicité des procédures et des tribunaux, aussi bien que par celle des sources de la jurisprudence, compliquent et obscurcissent l'œuvre judiciaire.

La cour de l'amirauté, dont la mission se définit aisément, pas plus que ces cours ecclésiastiques, n'est une cour *of record*.

La *cour des arches*, ainsi nommée parce qu'originairement elle siégeait sous les cryptes souterraines de Bow-Church, construites en arches, a pour diacre l'archevêque de Cantorbéry, chef des treize paroisses de Londres. Sa juridiction cléricale, comme celle des trois autres cours, partage ses attributions avec la cour des priviléges (*court of peculiars*), par une démarcation plus géographique que juridique, tandis que la cour des prérogatives (*prerogative court*) diffère des deux précédentes par ses attributions purement fiscales : elle est préposée à sa sauvegarde, dans l'intérêt de l'Eglise, des droits de succession. Elle enregistre en quelque sorte le calcul mathématique de la piété.

La *cour des délégués* (*court of delegates*), qui domine les trois autres, juge sur appel leurs décisions. Mais au faîte de cet édifice judiciaire consacré à la religion, la constitution a placé un pouvoir protecteur des intérêts civils contre l'extension et la domination possible de l'autorité religieuse : ce pouvoir, c'est le pouvoir royal, investi par les statuts de Henri II et de Henri VIII du droit de révision de toutes les décisions et prétentions ecclésiastiques. Sage réserve de la loi suprême de l'Etat, qui, soumis à un seul gouvernement central, ne doit pas permettre, à côté du trône royal, l'édification de je ne sais quelle royauté des âmes, avec laquelle le partage mène inévitablement à la subordination et à l'assujettissement. Nous n'avons rien dit, dans cette nomenclature déjà trop longue, de la législation commerciale, législation vitale pour l'Angleterre, si concise dans ses prescriptions, si rapide dans ses voies d'exécution, mais nécessairement développée, comme le veut son importance chez un peuple marchand. Nous nous sommes borné à l'examen superficiel de la structure judiciaire de leur législation. Nous avons recherché quelques analogies avec le droit primitif, celui des Romains. Voyons maintenant si le voisinage des pays et des dates n'offre pas plus de dissemblances que de rapprochements entre l'Angleterre et la France.

COMPARAISON AVEC LE DROIT FRANÇAIS.

Les nations, pas plus que les individus, ne vivent et ne doivent vivre isolées : les contacts qui les rapprochent de leurs contemporains, les liens qui les rattachent à leurs pères, forment des engagements indissolubles. L'existence présente a toujours à tenir compte de l'existence voisine et de l'existence passée. C'est pour cela que, quant à moi, je considère si attentivement les autres peuples plus ou moins éloignés de nous par l'espace ou par le temps. En droit, en législation, comme en toute autre étude, l'antiquité est notre grand modèle : c'est à elle qu'il faut demander des enseignements, des conseils, sauf les modifications inévitables résultant des progrès et des mœurs. Telle est la pensée émise par un illustre écrivain : « L'étude des langues mortes, dit M. Thiers (1), n'est pas seulement une étude de mots, mais une étude de choses; c'est l'étude de l'antiquité avec ses lois, ses mœurs, ses arts, son histoire si morale, si fortement instructive..... Dans un temps où les idées religieuses se sont affaiblies, si la connaissance de l'antiquité s'évanouissait aussi, nous ne formerions plus qu'une société sans lien moral avec le passé, uniquement instruite et occupée du présent; une société ignorante, abaissée, exclusivement propre aux arts mécaniques. » Si je cite avec quelques développements ce passage, c'est que j'attache un prix considérable aux idées qu'il exprime; c'est, chez moi, une conviction forte, qu'en toutes choses nous devons interroger, consulter l'antiquité; c'est elle qui, en législation, en poésie, dans les lettres, en histoire, renferme des trésors pour la science, pour la moralité, élève la pensée, ennoblit le cœur. Peut-être, à première vue, apparaîtrait-il quelque contradiction entre ce culte du passé que je professe humblement, et les idées de progrès dont je suis un disciple empressé. La conciliation entre ces deux systèmes est pourtant bien facile : je crois à la nécessité des traditions, à l'autorité de l'expérience, aux avantages de la stabilité; je crains l'impétuosité des innovations; le romantisme moderne

(1) M. Thiers, *Histoire du consulat et de l'empire*, t. III, p. 472.

m'a paru un écueil dans l'ordre littéraire, tout comme le républicanisme dans l'ordre politique ; et si je suis un partisan dévoué du progrès, je suis aussi un ami fidèle de la paix et de la prudence ; je n'aime les émeutes ni dans la rue ni dans les lettres ; et, si je conseille l'étude du passé, c'est que je déconseille l'imprudence ; si j'aime la sagesse de l'antiquité, c'est que je n'aime pas la témérité de l'ignorance. Le progrès est la loi du monde social, et bien imprudents sont les gouvernements qui se refusent à lui obéir ; mais l'histoire est en même temps son guide, et je suis d'avis qu'il faut appliquer aux sociétés ce principe de la vie privée : le respect du jeune âge pour la sagesse en cheveux blancs. Chaque génération doit chercher à perfectionner les traditions paternelles, à la condition d'en respecter le dépôt.

C'est pour cela que j'ai voulu jeter à la hâte un coup d'œil sur le droit romain, avant de lire quelques pages de droit moderne.

La législation romaine a dû traverser la France pour arriver, par invasion éloignée et pour ainsi dire insensible, en Angleterre ; elle y est arrivée, en effet, mais comme le dernier flot d'une marée qui vient expirer sur le rivage, faible, décolorée, dépouillée, dans le trajet, de sa couleur primitive. D'ailleurs, par une sorte d'orgueil insulaire, l'Angleterre a paru prendre à cœur de s'approprier ses emprunts aux législations étrangères, de se les incorporer pour ainsi dire, sans pour cela modifier textuellement sa propre législation ; c'est l'amour-propre de l'auteur qui, dans un esprit de fausse vanité, préfère le plagiat à la citation franche et loyale. C'est, du reste, une œuvre difficile que la recherche des divers éléments qui composent cette législation toute d'importation. La législation est tout à la fois cause et effet, relativement aux mœurs ; elle agit sans doute sur elle, mais elle est bien plus souvent leur ouvrage ; et de même qu'à l'aide d'un ossement, informe en apparence, le génie de Cuvier savait reformer un animal tout entier, de même aussi une partie de la législation d'un peuple peut servir à connaître ses mœurs. Celles de l'Angleterre, empreintes encore des souvenirs saxons, en ont, dans certaines parties, la rudesse, l'aspérité, les inégalités. En effet, si la féodalité a laissé dans les mœurs anglaises des traces qui survivent même aujourd'hui, c'est que, constituée en Angleterre sous Harold, comme en France sous Hugues Capet, elle s'identifia plus intimement qu'en France à la royauté. En France, les seigneurs, compagnons de Hugues Capet, demeurèrent ses rivaux quand il fut roi; en Angleterre, les compagnons de Guillaume le Conquérant devinrent ses vassaux. Cette différence de situation à la naissance de la féodalité devait produire et produisit en effet des différences dans les mœurs; des mœurs, ces différences passèrent dans la législation : l'aristocratie naquit et se fortifia en Angleterre à l'ombre de la royauté; en France, elle eut à soutenir tour à tour les luttes du pouvoir royal et celles de la commune naissante, grandissante et enfin adulte, parfois unie à la royauté contre l'autorité, que dis-je? contre l'oppression locale des seigneurs. En Angleterre, l'aristocratie, fortement unie à la royauté, n'a eu qu'un seul adversaire, ou plutôt qu'une émule, le peuple, avec lequel elle a traité périodiquement, selon les exigences du moment, selon les conseils de sa propre prudence : de là sa permanence, son unité, sa cohésion. En France, au contraire, divisée, démantelée par les assauts de deux antagonistes, le peuple et le roi, elle a fini par succomber, écrasée entre deux, et les a laissés face à face. Position simple, nette, tranchée; duel corps à corps, qui, pour n'être pas dangereux, doit être pacifique.

Je ne veux pas poursuivre plus loin les conséquences de cet antagonisme; je ne veux pas chercher de quel côté est la raison, la vérité politique : la vérité politique n'est pas celle que nous recherchons ici. Nous pouvons l'indiquer comme symptôme de la législation; là s'arrêtent nos explorations. Cherchons-en les effets sur le droit des deux nations qui ont puisé originairement à la même source.

En Angleterre, le premier symptôme de cette situation politique que nous venons d'indiquer se manifeste par cet individualisme que nous avons eu occasion de signaler dans l'organisation sociale et légale de la nation britannique. Chez elle, la loi est tout, les principes rien. Ses armes nationales portent ces mots : *Dieu et mon droit*. Le caractère de la nation est tout entier dans cette devise. La religion et la loi, telle est en quelque sorte sa double Providence. L'Anglais d'aujourd'hui, comme le Breton de la conquête, la main sur la poignée de son épée, jure obéissance, respect à son roi, aux institutions féodales, aristocratiques de son pays, à la condition qu'on respectera son droit; il s'incline avec déférence devant la loi, pourvu qu'elle soit aussi pour lui inviolable et sacrée; il consent à la supériorité de toutes les classes, à l'opulence superbe de l'aristocratie, pourvu que son individualité légale soit consacrée.

L'étude de la loi anglaise offre donc cet intérêt particulier, qu'elle est en réalité la pierre angulaire de tout l'édifice social. L'esprit positif de cette nation ne comporte pas les généralités, les abstractions, il vit d'applications pratiques; il procède par unités, et ces unités agglomérées constituent la nation. « La constitution anglaise, dit un écrivain distingué (1), n'a pas pour base la liberté, mais la loi; notre loi garantit la liberté du *sujet*, elle ne reconnaît pas la liberté du *peuple*..... Ce n'est pas sur des principes abstraits ou généraux que nous fondons nos réclamations; notre constitution n'est pas une charte de maximes et de définitions, divisée en chapitres et en articles, mais la réunion de remèdes définis appliqués à des maux définis. Lorsqu'elle cessera d'être ce qu'elle est, la fin de l'Angleterre sera prochaine. »

Je ne sais où j'ai lu que Benjamin Constant, discourant un

(1) *Querterly Review*, octobre 1844.

jour avec un homme d'État d'Angleterre, émettait avec chaleur certains principes qu'il croyait d'un libéralisme un peu hardi ; lorsque son interlocuteur, calme et impassible à toute sa chaleureuse discussion, lui dit froidement qu'il se donnait une peine inutile pour prouver des théories tenues pour incontestables dans son pays, et depuis longtemps transportées dans la vulgaire pratique de la vie commune.

Cette observation de mœurs se révèle dans tous les détails, dans la physionomie extérieure de cette grande nation. Voyez Londres, c'est une ville immense ; c'est la capitale d'une nation puissante ; eh bien, pas un monument ne s'élève dans son sein ; pas un, si ce n'est un dôme religieux, Saint-Paul, emblême de la piété britannique ; la Tour gothique, symbole mystérieux de l'antique féodalité et de la sombre royauté des siècles passés ; Westminster, cet asile funèbre de toutes les gloires patriciennes ou plébéiennes, déclaration tardive d'égalité entre le génie et la grandeur, confondus dans le tombeau, soit qu'ils descendent du théâtre ou du trône. A ces exceptions près, qui ne sont même pas des exceptions proprement dites, puisqu'elles personnifient encore le caractère national, dans ses contrastes comme dans son originalité, Londres trahit par son seul aspect les mœurs anglaises : simple, spacieuse, animée, elle se compose de maisons particulières ; chacun chez soi. Elle semble craindre toute généralisation, même celle du domicile, comme une infraction à cet esprit d'unités et d'individualisme qui est l'essence même de cette organisation vraiment curieuse. Et comme si elle tenaït à faire preuve de franchise en se manifestant par tous les signes extérieurs, partout vous trouvez l'empreinte de ce gouvernement féodal, énergique, qui cimente entre elles toutes ces parties isolées d'un même ensemble : partout vous voyez écrits : théâtre du roi, banque du roi, chemin, forêt du roi, etc... Et jusque dans la voix du peuple, vous surprenez la pensée intime de ce peuple étrange : le chant national qui retentit à votre oreille résume l'attachement de la nation à la royauté, qui est comme la clef de voûte de ce majestueux édifice. Cet attachement pour leur gouvernement est né dans le cœur ou plutôt dans l'esprit des Anglais, de cette conviction profonde que le salut de leur nation est à ce prix, et que le jour où cette forme serait modifiée serait le signal d'une immense perturbation. Aussi de toutes parts y a-t-il concours, dans la véritable acception du mot, *conservateur*, du côté du peuple, comme du côté de la noblesse, en présence d'un danger signalé à tous les yeux. C'est pour cela que l'aristocratie sait faire en temps opportun de judicieuses concessions, comme le peuple fait le sacrifice de ses instincts populaires. De là ce culte pour le vieil édifice que l'on craint d'ébranler sous peine de le voir s'écrouler ; de là cette vénération pour les traditions du passé, pour cette antique législation dont nous avons cherché à offrir quelques indications. Cette affection chez les Anglais, comme chez les Romains pour la loi ancienne, avait à peu près la même cause : l'esprit de conservation d'une société violemment unie et instinctivement convaincue qu'une secousse peut la faire tomber en ruines ; semblable à cette bulle de verre fondu, qui arrondie et solidifiée dans l'eau, éclate en poussière, si la main du chimiste préparateur brise l'extrémité la plus imperceptible de sa tige. Mais ni l'une ni l'autre de ces deux législations ne subsiste par sa supériorité morale, supériorité, au dire d'un jeune membre de l'Institut, déjà invoqué par nous, M. Laboulaye, fort contestable : « Cette législation romaine, faite pour des peuples civilisés, prévoyait, il est vrai, des besoins, des rapports que ne connaissait pas la simplicité des lois barbares ; et c'est pour cela qu'elle l'a emporté sur ces dernières : elle les a complétées et souvent même transformées. Mais cette perfection était tout extérieure, toute formelle ; et c'est à cette perfection, bien plus qu'à sa valeur morale, que la loi romaine a dû son apparente conservation... Ce qui constitue la valeur morale d'une législation, l'organisation de la famille, l'adoucissement de la condition des femmes, l'abolition de l'esclavage, l'équité dans les successions, appartient à la législation chrétienne des derniers siècles, au droit propre de l'Eglise, dont il serait injuste de méconnaître à cette époque la salutaire influence. C'est donc au christianisme seul que revient la gloire d'avoir introduit dans nos sociétés modernes une morale plus parfaite que celle des temps anciens; et dans les réformes de Justinien, faites au point de vue chrétien, il y a plus d'humanité que dans Ulpien tout entier. » La féodalité créait un état intermédiaire entre l'esclavage des siècles païens et l'émancipation des temps modernes : des germes déposés par le christianisme dans le sol féodal est née la liberté. En Angleterre, comme dans le reste de l'Europe, cette empreinte féodale se reconnaissait à certains caractères, qui, relativement aux biens ou à la juridiction territoriale, sous la forme militaire ou sous la forme civile du droit de relief, constataient cette dépendance déguisée de certains hommes libres vis-à vis d'autres, que le progrès de la civilisation devait plus tard abolir en France et seulement mitiger en Angleterre. La féodalité, partout où elle régnait, dictait les mêmes lois, dans l'empire de Charlemagne comme dans celui d'Alfred le Grand, lois plus ou moins énergiquement établies, selon l'influence relative de la loi romaine.

La pensée française s'est toujours évaporée avec plus d'effusion; l'air s'y renouvelle en quelque sorte avec plus de rapidité et d'abondance; la pensée anglaise se concentre et s'élabore plus lentement. « Un territoire beaucoup moins étendu, dit un homme d'un immense talent, M. Guizot (1), a rendu de tout temps plus difficile la chute des institutions centrales, le démembrement de la souveraineté et de la nation. Malgré

(1) *De l'Origine du système représentatif*, page 201.

leur affaiblissement, les institutions libres, comme les cours de comté, les corporations, etc., conservaient dans les provinces plus de réalité et d'énergie. » Et l'on retrouve déjà dans les temps les plus éloignés cet équilibre entre les deux éléments principaux de la constitution anglaise, maintenu et protégé par le pouvoir judiciaire lui-même, qui, dans la double institution des cours du peuple (*the folk courts*), formulait la nécessité de compter avec la puissance plébéienne, et, dans celle du roi, constatait le privilége de la royauté aristocratique. La fin du XIIIe siècle vit au surplus s'accomplir, en France comme en Angleterre, cette réforme que nous avons signalée dans l'administration de la justice, la stabilité des tribunaux, jusque-là ambulatoires, et fixés à dater de cette époque, en Angleterre, à Westminster, comme en France les parlements le furent à Paris, Toulouse, l'échiquier à Rouen, et les grands jours à Troyes. Cette stabilité s'accomplit en même temps que la séparation du pouvoir judiciaire, constitué dès lors sous le nom de *curia regis*, dénomination empruntée au latin, comme celle de *magnum consilium*, *curia de more*, etc. Du reste, le voisinage de la France et de l'Angleterre a produit entre ces deux nations des rapports de natures diverses ; le mélange des territoires amena de mutuelles prétentions : l'importation de l'élément normand, par Guillaume, entraîna, d'abord celle de la langue et de certains usages ; et si de longues guerres, nées d'intérêts ou de rivalités jalouses, ont successivement rendu à la France ses provinces et à l'Angleterre son indépendance ; elles ont laissé aussi à l'une et à l'autre le sentiment réciproque de leur force, de leur grandeur, de leur dignité, en multipliant le choc des idées, combattues d'abord à main armée, et scellées ensuite par des traités de paix, des rapprochements, des échanges et des analogies ; car il est vrai de dire que si la guerre est en effet un terrible fléau, parfois du moins elle traîne après elle des compensations, oserai-je dire des bien-

arbitraires, ou dans celui qui consacrait les franchises de la cité de Londres et des autres villes et bourgs, et l'admission des marchands étrangers (1). La principale disposition de la loi d'*habeas corpus* ne se retrouve-t-elle pas textuellement dans l'article de notre ordonnance de 1648, qui voulait que tout prisonnier fût interrogé dans les vingt-quatre heures (2)? Le droit de résistance légale, si douteux, si controversé aujourd'hui encore chez nous, et tombé en Angleterre au rang des vérités banales, a pourtant sa source dans les *Établissements* de saint Louis, dans l'ordonnance du 28 décembre 1355, dans celle du 3 mars 1357, et dans plusieurs chartes des communes. — L'inviolabilité du domicile ne trouve-t-elle pas son principe dans Gaïus (3)?

C'est qu'en effet, comme nous le disions précédemment, l'Angleterre est plus positive et plus pratique, la France plus théorique et plus généralisatrice.

La législation de l'Angleterre est peut-être plus pittoresque au point de vue historique; celle de la France est plus méthodique et plus uniforme; la première offre plus de diversité, la seconde un progrès plus régulier; celle-ci est à peu près aujourd'hui ce qu'elle était autrefois, n'augmentant sa nomenclature légale qu'à la condition d'en augmenter en même temps la confusion; celle-là, au contraire, a suivi la marche progressive du temps; l'une intéresse l'historien, l'autre le législateur, et ce qu'il y a de singulier, c'est que c'est le pays le plus pratique dont la législation présente le plus de curiosité à l'imagination, tandis que la nation réputée plus légère, plus superficielle et plus mobile, se fait au contraire re-

---

(1) Hallam, t. III, p. 76 et suiv. Blackstone, *Introduction to the great Charter-Coke's comments*, — Guizot, *de l'Origine du système représentatif*, page 307.

(2) Cauvet, *de l'Origine commune des institutions*, page 531.

(3) Gaius, lib. I, *ad legem Duodecim Tabularum*, Dig. 18.

faits. Un rapprochement fort singulier entre deux des institutions les plus importantes en France et en Angleterre, la loi salique et le jury, c'est que l'une et l'autre n'ont dû leur existence qu'à une sorte d'équivoque. Ainsi beaucoup d'auteurs prétendent que le fameux article du jugement par les pairs dans la *Grande Charte* ne s'appliquait d'abord qu'aux nobles et à la procédure féodale, dont les règles étaient communes à toute l'Europe. Ainsi, en France, le paragraphe 62 de l'art. 6 de la loi sur la succession des aïeux ordonnait simplement que l'héritage *privé* fût partagé également entre les fils et les filles, et que la partie alors connue sous le nom de *terre salique* en fût distraite pour être partagée entre les fils seulement (1). Et d'une interprétation plus ou moins arbitraire sont nées deux des lois les plus considérables pour les deux pays. Tant il est vrai que l'esprit public sait tirer parti d'un principe conforme à ses tendances, et féconder peu à peu les premiers germes déposés dans des lois souvent imparfaites à leur origine. Les bonnes lois sont celles qui se forment lentement par le progrès des lumières; leur utilité résulte de leur concordance avec les mœurs. C'est par suite d'efforts assidus, c'est après avoir été longtemps labourée par la main de l'homme, que la terre lui donne ses belles moissons. C'est ainsi que la *Grande Charte*, que les lois d'Edouard, mettant déjà un frein aux dilapidations résultant de la garde noble, protégent les filles soumises à la garde contre toutes contraintes à des mariages mal assortis; accordant aux veuves la faculté de ne se pas remarier, préparaient l'amélioration du sort des femmes, dont nous parlions plus haut; c'est ainsi que la liberté individuelle, la liberté du commerce, trouvent leurs premiers vestiges dans le fameux article de la *Grande Charte*, qui protégeait les citoyens contre les spoliations et arrestations

---

(1) Sismondi, *Histoire des Français*, tomes IX et X, pages 6 et 348.

marquer par la sage et prudente amélioration de ses lois, par leur précision, leur justesse et leur applicabilité. C'est même un magnifique spectacle de voir la France, à travers les siècles, grandir et se développer : morcelée d'abord en parcelles féodales, elle lutte depuis son origine, avec tous les éléments divers qui la composent, pour constituer un Etat, et arriver à cette unité puissante qui fait aujourd'hui sa force et sa grandeur : unité militaire, unité administrative (peut-être trop énergique), unité judiciaire, merveilleusement résumée dans cette cour suprême qui centralise la justice et régularise avec une admirable uniformité le droit pour tous!

Pour parvenir à ce précieux résultat, elle a eu, comme toutes les nations qui se forment, un point de départ bien éloigné du but qu'elle devait atteindre. L'œuvre judiciaire a été d'abord confuse. « Jusqu'au règne de Philippe Auguste, le parlement ou conseil du roi, dit M. Rathery (1), suffisait à la fois à l'examen des affaires politiques et à l'expédition des procès ; mais après les conquêtes de ce prince, et l'introduction dans les cours féodales des principes du droit et des clercs, les attributions de la cour devinrent si variées et si nombreuses qu'elle fut impuissante à en supporter le fardeau. » Alors s'opéra un partage qui donna naissance à une juridiction purement judiciaire, connue comme en Angleterre, sous le nom latin de *curia regis*, juridiction plus nettement déterminée encore sous saint Louis, complétée sous Philippe le Bel, en même temps qu'en Angleterre. Plus tard, ce fut un corps judiciaire qui eut la prétention de joindre des attributions politiques à ces premières attributions, et l'histoire des parlements atteste l'esprit d'usurpation et d'envahissement dont les circonstances les animèrent à différentes époques. « L'ordre judiciaire, en un mot, dit le préambule

(1) M. Rathery, *Histoire des états généraux*, p. 49.

de la Charte de 1814, fut établi et développé par les lois de Louis XI, de Henri II et de Charles IX. Quoi qu'il en soit, les traditions de l'antiquité étaient perdues : la loi et ses organes n'avaient plus cette majesté qui jetait tant d'éclat à Rome et dans la Grèce. Ce n'était plus Cicéron, sauveur de la patrie, attaquant les triumvirs ou défendant les rois, comparant sa position à celle de ces rois eux-mêmes. La loi au moyen âge était déchue, comme la société régie par elle; elle était tombée dans le chaos. La civilisation l'épura peu à peu. Et c'est précisément à la différence qui existe entre les trois législations de Rome, d'Angleterre et de France, que s'adresse notre précédente observation que la législation est tout à la fois cause et effet sur les mœurs : elle en est tout à la fois l'instrument et le produit.

Lemaître et Patru furent les premiers jurisconsultes qui dégagèrent le langage de la loi des nuages qui l'obscurcissaient à tous les yeux, mais, s'ils ont réformé l'incohérence de l'ancienne érudition, ils sont encore empreints des défauts contemporains : la diffusion et la déclamation. Omer et Denis Talon, Dumoulin, Duplessis, Domat, Cochin, d'Aguesseau, jetèrent tour à tour un ordre lumineux dans tout ce chaos, inextricable alors, comme celui de l'Angleterre aujourd'hui encore. Les ouvrages de ces jurisconsultes devinrent la base de la jurisprudence d'abord, puis ensuite de plusieurs ordonnances et de principes dès lors adoptés par nos lois, dont quelques-uns même ont servi de texte à certains articles de notre Code civil. C'est ainsi que progressivement se forma chez nous, sous l'influence de la raison publique lentement éclairée, la législation civile, la législation criminelle elle-même, plus tard, sous la voix éloquente de Servan et de Beccaria. De ces matériaux, approchés avec tant de labeurs par d'infatigables et savants ouvriers, naquit et s'éleva ce bel édifice, informe d'abord, mais exposé enfin radieux aux regards de l'univers qui nous l'envie aujourd'hui.

Je ne m'arrêterai pas sur ces époques heureusement transitoires de nos annales, où la loi, écho des mœurs, consacrait le servage et l'abaissement d'une partie de la nation. Je détourne les yeux avec un sentiment de tristesse de ce temps où l'on a vu dans quelques-unes de nos plus misérables provinces, dans la Guyenne et l'Auvergne, des hommes paître l'herbe des prés à la manière et en compagnie des brutes (1). J'aime bien mieux laisser de côté ces jours, heureusement éloignés de nous, où l'infériorité des travailleurs, l'humilité légale de la roture vis-à-vis de la noblesse, soulevaient des plaintes et de timides réclamations ; je ne parlerai pas des protestations d'un citoyen courageux alors, lorsqu'il réclamait auprès de Louis XIII quelques améliorations judiciaires, l'abolition de la vénalité des charges, la suppression des épices, la rémunération des magistrats par le prince, la simplification des procédures ; je ne parlerai pas de ces demandes d'améliorations si souvent déposées respectueusement au pied du trône, et si souvent éloignées, éludées, repoussées, jusqu'à ce que la nation enfin, éclairée sur ses droits, se fit justice à elle-même. L'esprit est bien plus satisfait d'assister à cette glorieuse réhabilitation consacrée par la loi moderne.

Nous ne reviendrons pas sur les différentes distinctions que nous avons indiquées entre les différentes sortes de *droit* ; classifications parfois arbitraires, mais pour la plupart indispensables à la notion du droit. Nous avons parlé du *droit naturel*, confondu dans la pensée des Romains avec le *droit des gens* (2), lequel à son tour se confondait aussi avec le *droit international*. Pour rectifier brièvement ce que ces données

---

(1) M. Rathery. *Hist. des Etats Généraux*, pages 259, 277, 279, 282. Discours de Robert-Miron à Louis XIII.

(2) Indépendamment des préceptes dont se compose le droit naturel, la nature instruit les hommes à adorer Dieu, à aimer nos père e mère, notre patrie. Cette partie du droit des gens se nomme *droit de*

nous paraissent avoir d'inexact au point de vue de notre droit moderne, nous ferons remarquer que, sous le rapport de son objet, le *droit* se divise en *droit international*, en *droit public* ou *politique*, et en *droit privé*. Le *droit international* fixe et détermine les rapports de nation à nation. Il résulte des traités de paix, d'alliance, et a été improprement dénommé parfois *droit des gens* : le *droit des gens* est cette partie du *droit naturel* qui fixe nos devoirs vis-à-vis des autres hommes de tous les pays, il est vrai, mais comme hommes privés ; tandis que le *droit international* fixe les rapports des peuples, comme corps de nation. Le *droit public* ou *politique* règle les rapports du Gouvernement avec ses gouvernés. Le *droit privé* comprend les lois qui règlent les rapports de particulier à particulier.

En France, on distingue le droit par zones chronologiques : nous avons le *droit ancien*, le *droit intermédiaire* et le *droit romain*.

Le *droit ancien* est celui qui régnait jusqu'à la déclaration de l'assemblée constituante du 17 juin 1789.

Le *droit intermédiaire* depuis cette époque jusqu'en 1804.

Le *droit nouveau* depuis le 21 mars 1804 (30 ventôse an XII).

Le *droit ancien* prenait naissance à deux sources : *l'autorité du prince* et la *coutume*. La première se manifestait par les ordonnances ; mais les unes étaient enregistrées par tels parlements, les autres ne l'étaient pas par tels autres; de là un défaut d'uniformité.

---

gens primaire, parce qu'elle est antérieure à d'autres préceptes qui forment le *droit des gens secondaire*. Le droit des gens primaire n'a pu suffire aux hommes réunis en société. On vit naître le commerce, les échanges : de là le droit des gens secondaire, qui bien souvent s'écarte du droit naturel. Ainsi vint la guerre et ses suites : des prisonniers, des esclaves, que Justinien reconnaît contraires à la loi naturelle.

La seconde source du droit ancien, la *coutume*, produisait ou *des coutumes générales* ou *des coutumes locales*. Cette double origine du *droit ancien* rappelle assez fidèlement et l'une des sources du droit écrit chez les Romains, dont nous avons parlé sous cette dénomination de décisions du prince, ou *principum placita* (1), et le droit non écrit lui-même, dont nous avons fait connaître la nature. Les divisions actuelles du droit anglais participent encore aujourd'hui de cette forme surannée.

Dans certaines provinces de l'ancienne France, le droit romain tenait lieu de coutumes générales ou n'avait force de loi que dans le silence des coutumes. Les unes et les autres étaient considérées comme *pays de droit écrit*.

On appelait pays *coutumiers* ceux où le droit romain, sans avoir force de loi, était regardé, ainsi que chez nous encore aujourd'hui, comme raison écrite.

La constitution du 3 septembre 1791 déclara qu'il serait fait un corps de lois communes à toute la France : les diverses assemblées législatives rendirent des lois qui formèrent le *droit intermédiaire*.

Puis s'accomplit l'œuvre définitive, élaborée par les hommes éminents chargés du travail préparatoire dans le sein du conseil d'Etat. Ce travail, discuté ensuite en pleine assemblée, recevait, des vives lumières de la discussion et de la parole puissante du premier consul lui-même, un éclat et des améliorations qui lui valurent la consécration du présent et de l'avenir. C'est ainsi que tomba, sous le feu d'une révolution et d'une régénération politique et sociale, l'ancienne législation de la France, composée de droit romain, de droit féodal, de droit coutumier, pour faire place à une législation nouvelle, empreinte des idées au triomphe desquelles s'était dé-

(1) Deux sources distinctes du droit écrit.

vouée la révolution; législation vaste, immense, qui embrassait dans son ensemble toutes les variétés d'une codification complète. Sans doute ce n'est pas le dernier mot de la raison écrite et formulée en loi; mais c'est un grand bienfait que cette sanction légale apposée par une main victorieuse à tous les principes soulevés par la révolution de 1789. Dans la discussion qui s'ouvrit alors au conseil d'Etat, de nombreuses critiques, quelques-unes entre autres du genre de celles que nous avons adressées nous-mêmes aux premiers articles des Institutes, étaient élevées sur les premiers articles du Code civil, à savoir qu'ils étaient trop généraux dans leur expression. Mais ce que nous ferons remarquer tout d'abord, c'est que cette généralité que nous avons signalée dans les premières phrases du texte latin, a, selon nous, un simple tort grammatical, en ce qu'elle contient une définition qui, en matière de droit, doit toujours être précise; tandis que la généralité des prescriptions qui se trouvent à la tête de notre Code civil, est, pensons-nous, très-heureusement appropriée à la nature même des devoirs qu'elles imposent et aux conséquences qui en naissent ensuite dans tout le Code comme une déduction logique. Il en résulte à nos yeux que ces maximes générales étaient en effet nécessaires, bien écrites et bien placées; aussi bien que ce principe dont nous avons ajourné l'examen : l'application de la loi, mission conférée à nos tribunaux par l'art. 5. Cet article empêche le juge de se constituer législateur. Nous avons vu apparaître en Angleterre et en France les premières manifestations de cette règle si salutaire : la séparation des pouvoirs politiques et judiciaires; règle moderne, inconnue, dans sa rigoureuse acception, à la législation romaine. Confuse encore aujourd'hui en Angleterre, où nous avons vu survivre, dans certaines attributions, une fâcheuse confusion de pouvoirs, elle était aussi mal formulée en France jusqu'à cette grande révolution qui vint porter son flambeau dans tout cet immense chaos où jusqu'alors vivait notre société. La sage prohibition déposée dans le titre préliminaire de notre nouveau Code eut pour objet de proclamer et de maintenir cette utile et précise séparation entre le domaine législatif et le domaine judiciaire ; séparation qu'aucun entraînement politique ne doit jamais franchir.

Aujourd'hui que le temps a valu à ce code l'estime universelle, on s'explique difficilement la vivacité des attaques dont il fut l'objet à sa création ; on lui reprochait sa simplicité, sa sobriété d'innovations. Ce n'était, disait-on, çà et là qu'une traduction du droit romain et du droit coutumier, une compilation de Domat, de Pothier, des Institutes de Justinien, divisées, numérotées par articles. A ces reproches nous répondrons, avec l'éloquent narrateur du consulat et de l'empire (1), qu'en fait de législation les premières qualités sont la clarté, la justice et la sagesse. La nation française n'offrait pas, en 1789, une société toute nouvelle comme celle de Lycurgue ou de Moïse, mais une vieille société à rénover ; le droit français se formait depuis dix siècles et comme par alluvion ; c'était le produit de la science romaine, de la féodalité, de la monarchie, et de l'esprit moderne agissant ensemble et par contrepoids sur les mœurs ; il se formait du tribut de tous les âges et de tous les pays ; il devait perdre sa physionomie aristocratique pour devenir démocratique ; le mariage, la puissance paternelle, les successions devaient être purgés de tout souvenir féodal ; à la coordination de toutes les dispositions conçues dans cet esprit, devaient présider la netteté, la précision. Tel est le grand mérite de toute bonne législation, et c'est assurément celui qui distingue au premier chef notre Code civil ; c'est ce qui en fait un monument grave, majestueux, que nous pouvons montrer avec orgueil à tous les peuples, nous oserons dire comme un modèle.

---

(1) M. Thiers, *Histoire du consulat et de l'empire.*

Cette clarté, cette limpidité de notre codification est un mérite qui établit notre supériorité, particulièrement vis-à-vis des deux nations dont nous nous occupons ici. Rome et l'Angleterre, grandes à tant de titres, étaient plongées dans une grande obscurité légale. Rome au moins, par compensation, avait pour elle la grandeur des principes et la solennité des formes; mais l'Angleterre, il faut le reconnaître, trahit dans sa législation la confusion de ses mœurs : ce mélange d'aristocratie et de démocratie, qui fait de la constitution anglaise une espèce de mosaïque bizarre, se reproduit dans sa législation secondaire avec une malheureuse fidélité.

En France, au contraire, les idées ont une sorte de transparence qui les rend accessibles à la vue la plus faible, à l'œil le moins exercé. Les notions générales déposées dans le titre préliminaire servent d'initiation aussi élémentaire qu'élevée aux détails ultérieurs de la loi; elles forment comme la préface de ce grand ouvrage, qui constitue en termes précis, méthodiques, l'état de notre société moderne. Bienfait considérable dont nous sommes les heureux débiteurs à ce génie puissant qui, après avoir organisé la grandeur extérieure de la France par la victoire, a su organiser sa grandeur et sa constitution intérieures par la loi! Le patriotisme gémit sans aucun doute des excès du despotisme impérial, mais il s'honore en même temps de la gloire et des services qu'il a prodigués au pays. C'est, au surplus, pour moi, un sujet permanent d'observation curieuse, que la facilité, la docilité même avec laquelle notre nation, que l'on dit si indépendante, si indisciplinable, subit au contraire l'empreinte gouvernementale. Pénétrée, il est vrai, de quelques sentiments intimes, profonds, de quelques convictions arrêtées dans le culte desquels on ne peut pas impunément la froisser, elle est du reste toute impressionnable à la direction que lui donne insensiblement son gouvernement : guerrière et conquérante sous un chef conquérant et guerrier; pacifique et vouée aux intérêts matériels sous une administration calme et positive, elle cède aisément, comme un coursier généreux mais facile, à la pression de la main qui la conduit. Par exemple, après quelque résistance à certaines tendances du premier consul, qui, dans un projet d'organisation puissante, je le reconnais, révélaient cependant déjà une visible réaction contre certaines pensées de la révolution, elle céda, et devint bientôt aussi complètement impériale qu'elle avait été républicaine. A la vérité, c'est que, si le système impérial faisait violence à cette liberté puissante qui s'était emparée de la fin du XVIIIe siècle, il répondait avec orgueil à ce sentiment national qui vit d'indépendance et de gloire.

A ce prix, la nation avait consenti à la suspension momentanée de quelques-uns de ses droits nouvellement conquis.

Ses deux plus anciens adversaires, pour ne pas dire ses ennemis, avec lesquels le génie modérateur du premier consul amena une transaction, ce furent la noblesse et le clergé.

Je n'entrerai pas dans l'examen de ces deux grandes questions. Je ne rechercherai ni les causes ni les conditions d'une résurrection incomplète de la noblesse en France, ni les éléments de la nouvelle constitution du clergé. Le concordat fut un grand acte de pacification. Ce fut un bienfait moral pour la conscience publique, dont le chef d'un État ne peut pas abandonner au hasard les désirs, les tendances, les besoins; et nous avons vu en Angleterre cette prudente tutelle remise entre ses mains. Le premier consul obéit à cette sérieuse préoccupation en signant du pommeau de sa puissante épée le traité de paix de la nation française avec la cour de Rome, traité bienfaisant pour l'une et l'autre puissance; monument de sagesse et de modération auquel tout le monde aujourd'hui, il ne faut pas l'oublier, doit reconnaissance et respect!

Nous devons nous arrêter ici : Rome a été notre point de départ, elle sera aussi le terme de notre course. La ville antique nous a donné pour modèle ses lois, source primitive du droit; la ville sainte nous donne le droit canon; Rome, resplendissante autrefois de gloire, projette aujourd'hui dans l'univers l'éclat de la tiare; elle régnait autrefois sur les peuples par la force des armes, elle règne aujourd'hui sur les âmes par la persuasion : c'est toujours une immense royauté, royauté républicaine autrefois, sacerdotale aujourd'hui; despotique autrefois, aujourd'hui encore despotique.

En terminant ces rapides observations sur quelques questions de législation trop superficiellement comparée, nous jetterons un dernier regard en arrière : nous demanderons si l'examen imparfait que nous venons d'essayer de quelques parties de législation étrangère ne laisse pas dans les esprits cette impression que nous trouvons dans le nôtre, d'aimer et d'apprécier davantage notre propre législation à mesure que nous pénétrons chez les autres nations. Aucune, et la nation anglaise moins que toute autre, n'a cette classification méthodique, cette clarté, cette simplicité élémentaire de notre codification; aucune ne respire ce sentiment d'égalité. Heureuses conquêtes de notre législation moderne. Notre organisation judiciaire, enrichie des traditions et des leçons du passé, est assurément un beau modèle : les améliorations que le temps apporte avec lui le perfectionneront sans aucun doute; mais quant à présent nous pouvons déjà en être satisfaits et fiers.

Pendant le cours de ce travail, nous nous sommes soigneusement renfermé dans le cercle que nous nous étions tracé, dans les limites de la législation secondaire, ne nous permettant pas d'excursion dans le domaine de la législation politique, de l'organisation constitutionnelle, dont le voisinage a pourtant plus d'une fois attiré et séduit nos regards. C'était une tentation à laquelle nous n'avons pas dû succomber, afin de rester fidèle à la tâche que nous nous étions imposée.

Ce sont, du reste, deux études voisines; après avoir examiné l'ordre purement juridique, cette partie de la législation que j'appellerai *intermédiaire*, nous apercevons dans une sphère plus élevée des régions fort belles à parcourir. Les lois selon lesquelles les corps administratifs se meuvent et se régissent entre eux, les ressorts du mécanisme constitutionnel offrent à l'esprit un sujet de recherches et de comparaisons pleines d'intérêt et d'utilité.

FIN DE L'INTRODUCTION.

APERÇU

SOMMAIRE

DE DROIT ROMAIN.

APERÇU
SOMMAIRE
DE DROIT ROMAIN.

LIVRE PREMIER.

§ 1er.

Le mot personne, *persona*, dont l'étymologie est *personare*, veut dire *masque;* on sait que le masque avait surtout pour but au théâtre d'augmenter le volume de la voix. La dénomination de personne s'applique ordinairement aux hommes envisagés sous le rapport des droits dont ils jouissent. Lors donc qu'elle sert à désigner l'esclave, c'est par une extension de terme impropre, puisque l'esclave n'était pas même un homme, mais seulement une chose dans le commerce. Une preuve de la valeur ordinaire de ce mot, c'est que, dans tous les anciens livres de médecine, qui s'occupent uniquement de l'homme physique, il ne s'y trouve jamais employé. A Rome on reconnaissait différents droits, suivant les différentes qualités des personnes.

Voici le tableau de ces divisions :

DIVISION DES PERSONNES.

1re DIVISION.

- 1°. Libres......
  - 1°. Ingénus....
    - 1°. Citoyens romains.
    - 2°. Latins.
    - 3°. Italiens.
    - 4°. Provinciaux.
    - 5°. Dedítices
  - 2°. Affranchis...
    - 1°. Citoyens romains.
    - 2°. Latins juniens.
    - 3°. Dedítices.
- 2°. Esclaves....
  - 1°. Comment on le devient...
    - 1°. Par naissance.
    - 2°. Par fait postérieur.
      - 1°. *Jure gentium.* — Guerre.
      - 2°. *Jure civili.*
        - 1°. Majeur de 20 ans ;
        - 2°. Femme.—Sénatus cons. Claudien ;
        - 3°. Certaines peines.
        - (Le majeur de 20 ans qui, pour escroquer, s'habillait en esclave et se faisait vendre pour redevenir libre, restait esclave en punition de son dol. — La femme libre qui, après trois sommations réitérées, continuait de coucher avec un esclave, devenait esclave d'après le sén. cons. Claudien.)
  - 2°. Comment on cesse de l'être
    - 1°. Par affranchissement.
      - Citoyen romain.
      - Latin junien.
      - Déditice.
    - 2°. Sans affranchissement.
      - Quand l'esclave découvrait l'assassin du maître, ou que le maître délaissait son esclave malade qui revenait à la vie.
  - 3°. Position des esclaves.

2e DIVISION.

- 1°. *Sui juris*...
  - Citoyen romain, père de famille.
- 2°. *Alieni juris.*
  - 1°. Esclaves. — Puissance dominicale.
  - 2°. Fils de famille. — Puissance paternelle.
  - 3°. La femme *in manu.*
  - 4°. *In mancipio.*

3e DIVISION.

- 1°. Capables.
- 2°. Incapables..
  - 1°. Age.
    - 1°. Enfant conçu..... — Curateur au ventre.
    - 2°. Impubère........ — Tuteur.
    - 3°. Mineur de 25 ans. — Curateur.
  - 2°. Sexe.
    - Femmes. — Tuteur.
  - 3°. Faiblesse des facultés intellectuelles.
    - 1°. Fous.
    - 2°. Prodigues.
  - 4°. Faiblesse des facultés physiques....
    - 1°. Sourds.
    - 2°. Muets.
    - 3°. Malades.
  - (3° et 4° :) Curateurs.

Le titre de *citoyen romain* emportait la plénitude de tous les droits.

Les *Latins*, autrefois les alliés chéris des Romains, comprenaient tous les habitants du Latium; on leur avait accordé une certaine somme de droits qui, bien qu'inférieure à celle dont jouissaient les citoyens romains, les plaçait néanmoins dans la meilleure position après celle des vainqueurs. Cet état de choses dura jusqu'à l'année 600 de Rome, époque de la guerre sociale, où les Latins, à main armée, vinrent réclamer les droits qu'on leur refusait. Depuis ce temps, le titre de Latins désigna les peuples qui, soumis à la législation romaine, se trouvaient, par l'étendue de leurs droits, immédiatement au-dessous des citoyens romains.

Les *Italiens* venaient en troisième ordre.

Les *Pérégrins* venaient en quatrième ordre.

Enfin les *Déditices*, espèce de Parias, semblaient n'avoir que les droits suffisants pour ne pas mourir de faim. Quelques auteurs prétendent que l'on rangeait dans cette classe les peuples qui ne s'étaient rendus qu'à la dernière extrémité; d'autres pensent qu'elle se composait des descendants de Spartacus.

L'*affranchissement* des esclaves a varié dans sa forme et dans ses résultats; on peut lui assigner quatre époques distinctes :

La première conduit jusqu'à la loi *Ælia Sentia;*

La deuxième comprend l'espace qui est entre cette loi et celle appelée *Junia Norbana;*

La troisième, va jusqu'à Justinien;

La quatrième enfin, date du règne de cet empereur.

Dans la première il suffisait, pour pouvoir affranchir,

1° D'avoir le domaine quiritaire,

2° D'être citoyen romain et pubère,

3° De remplir une des trois conditions solennelles : *census, vindicta, testamentum.*

Le *domaine quiritaire* était la propriété complète, entière; elle se distinguait de celle *in bonis*, qui n'était qu'une propriété de fait, une espèce d'usufruit. Dans cette première période l'esclave, suivant toujours la condition de son maître, devenait citoyen romain. Le *census* consistait à faire rayer sur le livre du cens le nom de l'esclave, inscrit en cette dernière qualité, et à le faire dénommer affranchi. A Rome, dans toute espèce de contestation, on se transportait devant le préteur, et en touchant l'objet litigieux, d'abord avec une lance, puis avec une baguette appelée *vindicta*, on prononçait ces paroles : *Hunc aio esse meum*. Cette formule avait été adoptée pour l'affranchissement de l'esclave, que l'on touchait de la baguette, en disant : *Hunc hominem aio esse liberum;* et si l'assertion n'était pas combattue, l'esclave était mis en liberté.

La loi *Ælia Sentia* voulut mettre obstacle à la facilité des affranchissements.

Elle ajouta aux trois premières quatre nouvelles conditions ; elle voulut :

1° Que le maître eût vingt ans ;

2° Que l'esclave en eût trente ;

3° Que l'affranchissement ne pût être fait en fraude des créanciers, excepté dans le cas d'*héritier nécessaire ;*

4° Que l'esclave n'eût subi aucun supplice.

Cependant quand toutes les conditions, la dernière exceptée, étaient remplies, l'esclave entrait alors dans la classe des Déditices.

Si au contraire l'esclave n'avait subi aucun supplice, mais qu'une des autres conditions n'eût pas été remplie, l'esclave avait alors une liberté de fait, qui n'était réglée par aucune loi ; il n'avait pour lui que la protection du préteur qui la défendait contre son maître.

L'affranchissement était toujours nul, lorsqu'il avait été fait en fraude des créanciers.

La loi *Norbana* vint assigner une place aux affranchis, qu'une lacune de la loi laissait dans cette position bâtarde dont nous venons de parler; elle les nomma affranchis latins, juniens, et leur donna les droits attachés au titre de Latins.

Ainsi à cette époque nous comptons trois sortes d'affranchis : citoyens romains, latins juniens, déditices.

Justinien établit les anciennes règles, en déclarant que tous les affranchis seraient citoyens romains, comme Antonin Caracalla avait nivelé les ingénus. Il posa aussi des entraves aux affranchissements par testament. Proportionnés au nombre d'esclaves, ces affranchissements ne pouvaient jamais dépasser le chiffre de 100, parce qu'on craignait de jeter dans le sein de la cité des masses ignorantes, ce qui n'eût pas été sans danger.

§ 2. QUATRE SORTES DE PUISSANCES :

1° Puissance dominicale ;
2° Puissance paternelle ;
3° Manus ;
4° Mancipium ;

1°. PUISSANCE DOMINICALE.

2°. PUISSANCE PATERNELLE.

- Droit de vie et de mort,
- Droit d'exposition,
- Droit de vendre,
- Droit de donner en noxe,
- Droit de consentir au mariage,
- Droit de donner un tuteur.
- Droit de faire la substitution pupillaire,
- Droit d'exhérédation,
- Droit d'acquisition.

Exceptions à la puissance paternelle.

RÈGLE GÉNÉRALE.	Le père de famille est propriétaire de tout ce que peuvent acquérir ses enfants.	EXCEPTIONS...	Pécule *castrans*. Pécule *quasi castrans*. Pécule *adventice*. Pécule *profectice*.

1° *Droit de vie et de mort*. — Dernier degré du pouvoir humain.

2° *Droit d'exposition*. — Un père n'avait d'abord le droit d'exposer que ses enfants difformes. — L'exposition était l'abandon d'un enfant, ordinairement dans un lieu, au pied d'une colonne destinée à cet usage.

3° *Droit de vendre*. — Celui qui peut tuer, peut à plus forte raison vendre.

4° *Droit de donner en noxe.* — On appelait *noxia* le dommage causé, et *noxa* celui qui a causé le dommage. Donner en noxe, c'est donc le droit du propriétaire, du père de famille, d'abandonner l'esclave ou le fils de famille pour prix du dommage causé.

5° *Droit de consentir au mariage.* — Le père de famille conservait ce droit pendant toute la vie de son fils, quel que fût son âge. Mais si son fils avait lui-même un fils, ce petit-fils avait besoin du consentement de son père et de son aïeul. Le refus de l'un empêchait le mariage.

6° *Droit de donner un tuteur.*

7° *Droit de substitution pupillaire.* — On ne pouvait faire son testament qu'à quatorze ans. Si un père, en mourant laissait un enfant au-dessous de cet âge, il pouvait faire un testament en faveur de cet enfant, et tester en outre au nom de ce même enfant. C'est ce qu'on appelle substitution pupillaire.

8° *Droit d'exhérédation.* — Peu à peu s'établit, comme nous l'avons déjà vu, la *quarte légitime.*

Exceptions.

Modes d'acquisition.

Pécule *castrans.* — C'était tout ce qu'on avait acquis sous les armes, les dépouilles, etc. Il s'établit sous Jules-César.

Pécule *quasi castrans.* Ce que gagnaient les avocats, assesseurs ou évêques. Établi sous Constantin.

Pécule *adventice.*—Ce qui venait de la mère.—Plus tard, sous Justinien, tout ce qu'acquérait le fils, excepté le pécule *profectice.*

Pécule *profectice.*— Ce sont les biens que l'enfant possède en quelque sorte à titre précaire, et que le père peut reprendre quand il le veut.—Sous ce rapport, le fils et l'esclave sont dans la même position.

§ 3. — DE QUELLE MANIÈRE S'ÉTABLIT LA PUISSANCE PATERNELLE?

Par les justes noces. — L'enfant suivait la condition du père; il n'était même pas parent de sa mère : elle appartenait à sa famille. Cependant, si un enfant naissait d'un père inconnu ou esclave, et d'une femme qui eût été libre un seul instant pendant sa grossesse, l'enfant naissait libre. Sauf cette exception, l'enfant suivait la condition du père au moment de sa conception, parce que c'est le seul moment où il ait eu point de contact avec son père. La règle générale pour la mère, c'est que l'enfant (dans certaines circonstances où il suivait la condition maternelle) la prenait au moment de l'accouchement, parce que c'est le moment où il se sépare d'elle, comme du père, à l'instant de la conception.

Le concubinatus était un mariage incomplet; il n'y avait pas constitution de dot. Les enfants qui en naissaient se nommaient *liberi naturales*, ce qu'on aurait tort de traduire par *enfants naturels*. Louis XIV nous a offert quelque analogie avec cette sorte de mariage dans son union avec Mme de Maintenon.

Adoption. — Un père, après avoir émancipé son fils et sa fille, pouvait adopter sa bru ou son gendre; mais il ne pouvait avoir sous sa puissance paternelle deux époux à la fois.

Légitimation. —

Pour contracter mariage, il fallait plusieurs conditions :

Les deux époux pubères; — quatorze ans pour les hommes, douze ans pour les femmes;

Le consentement réciproque;

Le consentement du père de famille ;

Aucun empêchement de parenté, { Alliance,
Liberté d'un mariage antérieur,
Castration.

Aucun empêchement de parenté. — Ces mots demandent quelques explications.

Ces obstacles étaient fondés, chez les Romains, sur des idées de décence publique : ainsi un homme qui se séparait de sa femme ne pouvait épouser la fille que cette femme aurait eue d'un autre mariage, parce qu'il répugnait de coucher successivement avec la mère et la fille. En ligne collatérale, on ne pouvait pas se marier à un degré plus rapproché que celui de cousin germain ; il fallait, en un mot, que chaque parent fût à deux degrés au moins de l'auteur commun ; ainsi, l'oncle ne pouvait épouser ni sa nièce, ni aucune de ses descendantes, parce que lui, n'était qu'à un degré de l'auteur commun.

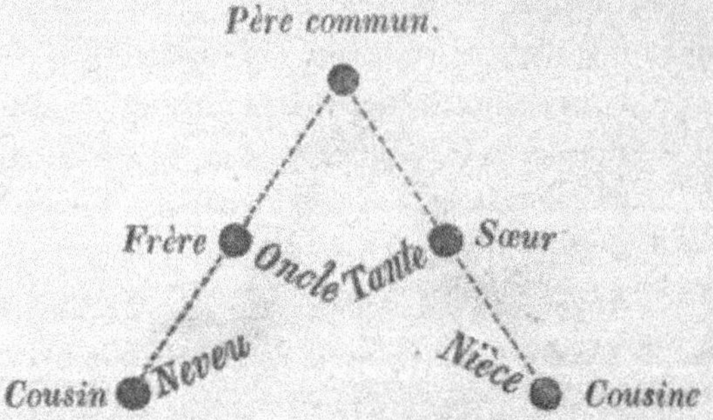

Le mariage était défendu en ligne directe à l'infini.

Les parents se divisaient en *agnats* et *cognats* :

Les *agnats* étaient les parents collatéraux descendant d'un auteur commun qui, s'il vivait encore, les aurait sous sa puissance.

Les *cognats* se composaient de la parenté par les femmes.

§ 4.

La puissance paternelle qui s'établit par les justes noces, s'établit encore par l'adoption et la légitimation.

L'adoption était un simple acte judiciaire, ayant des ressemblances et des dissemblances avec l'adrogation.

L'adrogation était un acte législatif qui se faisait *apud populum*. Sous Justinien il fut reconnu qu'elle pouvait avoir lieu par le seul assentiment du prince, *rescripto principis*, comme aujourd'hui, chez nous, il suffit d'un recours au prince pour changer de nom.

L'adoption se faisait après trois ventes successives : le père vendait fictivement son fils à un prétendu acheteur, lequel émancipait ce fils; et le père, sous la puissance duquel le fils retombait, le vendait de nouveau : cette deuxième vente produisait le même effet que la première; mais, à la troisième vente, le père, n'ayant plus sur son fils que le droit de *mancipium*, pouvait ne pas contester celui qui venait lui dire devant le préteur : *Aio hunc hominem esse filium meum*. Et, par ce fait, l'adoption était consommée. Plus tard on simplifia les formes de l'adoption.

Pour l'adrogation, il fallait :

1° Une enquête pour savoir si elle était honorable au père de famille impubère ;

2° Restituer les biens aux parents, si l'adrogé meurt avant quatorze ans ;

3° En cas d'émancipation, lui restituer tous ses biens ; car il eût été odieux qu'on adrogeât un père de famille riche, et qu'au moyen de l'émancipation, on conservât toute sa fortune;

4° Si l'adrogeant déshéritait sans motif l'adrogé, celui-ci reprenait tous ses biens, plus la quarte antonine.

Trois conditions principales étaient indispensables pour l'adoption ou l'adrogation :

1° Les mâles seuls, pères de famille, pouvaient adopter ou adroger;

2° Dix-huit ans de plus dans l'adoptant ou l'adrogeant ;

3° Les castrats ne pouvaient adopter ni adroger.

La légitimation, l'une des manières d'acquérir la puissance paternelle, s'appliquait aux *liberi naturales*.

Elle s'opérait :

1° Par la transformation du *concubinatus* en *justæ nuptiæ* ;

2° Par l'oblation à la curie; plus tard, par rescrit du prince;

3° Par testament.

Moyens de rompre la puissance paternelle.

1° Mort ;

2° Grande, petite ou moyenne diminution de tête.

Il fallait, pour l'existence de la puissance paternelle, que le père et le fils fussent citoyens romains.

Observons que, hors de sa famille, le fils de famille était complétement indépendant ; il pouvait même avoir des dignités qui mettaient son père lui-même sous sa dépendance comme citoyen. Des recherches multipliées ne nous ont pas instruits si la puissance paternelle n'était même pas suspendue par certaines fonctions du fils : ce qui semblerait naturel ; car du contraire il résulterait qu'un père aurait pu emprisonner son fils pour suspendre un acte important, etc.

La *manus* était la puissance du mari sur sa femme. Ce n'était cependant pas une condition indispensable du mariage. La femme, dans cet état, devenait *tanquam filiafamilias*, et sœur de famille de ses enfants.

La *manus* s'établissait de trois manières :

1° Par la *confareatio*, espèce de cérémonie religieuse, ainsi appelée, parce qu'à cette cérémonie figurait un gâteau de farine :

2° Par la *coemptio*, espèce de vente fictive du père de la fille au mari ;

3° Par l'*usus*; c'est-à-dire que si une femme passait une année entière avec son mari sans avoir découché trois fois, il pouvait l'usucaper ; mais si elle découchait trois fois, cela interrompait pour elle la prescription. (*Trinoctio usurpabatur.*)

Le *mancipium* place l'enfant vendu par son père extérieurement dans la même position que l'esclave, à cette exception près, que le fils pouvait toujours forcer le père à lui rendre la liberté en lui remboursant le prix du rachat.

§ 5.

Une grande distinction est celle des *capables* et des *incapables* : c'est une subdivision des personnes *sui juris ;* car celles *alieni juris* sont soumises à la puissance dominicale ou paternelle. Il ne pouvait pas y avoir un tuteur en concurrence avec le maître ou le père.

Les *capables* n'étaient soumis ni à une tutelle ni à une curatelle. — La tutelle ou curatelle était dans l'intérêt du pupille ; la puissance dominicale ou paternelle était au contraire dans l'intérêt du maître ou du père.

Il y avait plusieurs causes d'incapacité : l'âge, la faiblesse des facultés intellectuelles, le sexe, la faiblesse des facultés physiques.

Incapables.

Age....................	Enfant conçu. Impubère. Mineur de vingt-cinq ans.
Faiblesse des facultés intellectuelles.........	Fous. Prodigues.
Sexe................	Femmes. — La tutelle des femmes tomba en désuétude.
Faiblesse des facultés physiques..............	Sourds. Muets. *Qui perpetuo morbo laborant.*
Par quels moyens la loi protége les incapables.	En rescindant les actes faits à leur préjudice. En leur donnant un tuteur ou curateur.

§ 6.

Il y a quatre espèces principales de tutelles :

1° Tutelle testamentaire;

2° Tutelle légitime ;

3° Tutelle fiduciaire;

4° Tutelle dative.

Ces quatre espèces se subdivisent de la manière suivante :

<table>
<tr><td rowspan="2">1° Tutelle testamentaire ;</td><td>1° Testamentaire proprement dite.</td></tr>
<tr><td>2° Ayant besoin de la confirmation du magistrat.</td></tr>
<tr><td rowspan="4">2° Tutelle légitime;</td><td>1° Tutelle légitime du plus proche agnat,</td></tr>
<tr><td>2° Tutelle légitime du patron,</td></tr>
<tr><td>3° Tutelle légitime des enfants du patron,</td></tr>
<tr><td>4° Tutelle légitime de l'ascendant émancipateur ;</td></tr>
<tr><td>3° Tutelle fiduciaire ;</td><td></td></tr>
<tr><td>4° Tutelle dative.</td><td></td></tr>
</table>

Maintenant, et par un nouveau tableau, nous pouvons établir les différentes conditions qui déterminent la nature des tutelles. Or, nous voyons que les personnes appelées à avoir des tuteurs se trouvent toujours nécessairement dans l'une des quatre conditions suivantes :

1° Ingénus, sans diminution de tête, c'est-à-dire par la mort du père;
2° Ingénus, avec diminution de tête, avec fiducie;
3° Ingénus, avec diminution de tête, sans fiducie ;
4° Affranchis.

<table>
<tr><td rowspan="10">1° Ingénus *sui juris.*</td><td rowspan="3" colspan="2">1° Sans diminution de tête, c'est-à-dire par mort du père.</td><td>1° Tutelle testamentaire,</td></tr>
<tr><td>2° Tutelle légitime du plus proche agnat,</td></tr>
<tr><td>3° Tutelle dative.</td></tr>
<tr><td rowspan="7">2° avec diminution de tête, c'est-à-dire par émancipation.</td><td rowspan="4">1° avec fiducie.</td><td>1° Tutelle légitime du père émancipateur,</td></tr>
<tr><td>2° Tutelle testament. avec confirmation,</td></tr>
<tr><td>3° Tutelle fiduciaire,</td></tr>
<tr><td>4° Tutelle dative,</td></tr>
<tr><td rowspan="3">2° sans fiducie.</td><td>1° Tutelle légitime du patron,</td></tr>
<tr><td>2° Tutelle des enfants du patron,</td></tr>
<tr><td>3° Tutelle dative.</td></tr>
<tr><td rowspan="3">2° Affranchis.</td><td colspan="3">1° Tutelle légitime du patron,</td></tr>
<tr><td colspan="3">2° Tutelle légitime des enfants du patron,</td></tr>
<tr><td colspan="3">3° Tutelle dative.</td></tr>
</table>

Sous Justinien, il n'y avait plus fiducie; il y avait émancipation directe devant le magistrat.

La diminution de tête est un changement d'état; il y en a trois : la grande, la moyenne, la petite.

La grande a lieu lorsque l'on perd la liberté : alors la classe des hommes libres est diminuée d'une tête, d'où, par une sorte de trope, on dit qu'il y a grande diminution de tête.

La moyenne a lieu lorsque l'on perd le droit de cité : alors la classe des citoyens romains est diminuée d'une tête.

La troisième, lorsque l'on sort d'une famille par émancipation.

La fiducie est une convention entre le père émancipateur et le compère, par laquelle, après les trois ventes fictives, faites par le père et avant l'émancipation, une quatrième vente était faite au père, de telle sorte que ce dernier conservait sur son fils émancipé les droits d'un patron sur son affranchi. Dans cette position, il avait la tutelle légitime de son fils émancipé, et, s'il venait à mourir, tous ses enfants qui, à l'époque de sa mort se trouvaient sous sa puissance, devenaient tuteurs fiduciaires de l'impubère émancipé.

Quand l'émancipation était faite sans fiducie, la tutelle légitime appartenait de droit au compère, qui devenait le patron de l'émancipé.

Le grand principe des tutelles est celui-ci : *Ubi onus tutelæ, ibi emolumentum hæreditatis.* Ce principe trouve une exception dans la tutelle fiduciaire, puisque dans ce cas les enfants du père émancipateur, appelés à la tutelle, n'auraient pas été héritiers du fils émancipé.

La tutelle était un office viril.

§ 7.

Il y a une différence entre les deux modes d'action du tuteur. Il gère directement, ou le pupille agit, sauf approbation du tuteur.

Impubère. — Tuteur *negotia gerit ;* il autorise le pupille.

Femme. — Tuteur autorise.

Fou. — Curateur *negotia gerit.*

Mineur de vingt-cinq ans. — Curateur *consensum dat.*

L'autorisation du tuteur indique un pouvoir beaucoup plus étendu que l'*approbation*. Autorisation vient du mot *auctoritas*, qui dérive d'*augere*, augmenter; et, en effet, le tuteur augmente la puissance morale du pupille. Supposons qu'un enfant veuille soulever un fardeau trop pesant : ce n'est ni avant qu'il essaye, ni après qu'il aura essayé qu'un secours lui sera utile, c'est au moment de son effort. Eh bien, telle est la position du pupille impubère : il veut soulever un fardeau moral trop pesant pour lui ; son tuteur vient *augmenter* ses forces : quand faut-il que le tuteur l'assiste ? Au moment même de l'acte.

Les femmes et les impubères ont seuls des *tuteurs*, tous les autres incapables ont des *curateurs*. Et même les femmes, sous Justinien, furent affranchies de la tutelle; de sorte que les *tuteurs* restèrent aux seuls impubères, hommes et femmes. Du reste, le mot de *curateurs* n'indique pas un pouvoir moins étendu; car les femmes, par exemple, qui avant Justinien avaient un nouveau tuteur, à partir de douze ans, pour toute leur vie, devaient avoir le consentement de ce tuteur; mais, s'il le refusait, elles pouvaient s'en passer.

Les *tuteurs* tantôt donnaient, tantôt ne donnaient pas *caution;* quand ils étaient nommés sans enquête, ils devaient *caution*.

1° Tuteurs nommés par magistrats supérieurs. — Sans enquête. — Caution du tuteur.

2° Tuteurs nommés par magistrats inférieurs. — Avec enquête. — Sans caution du tuteur; mais avec responsabilité du magistrat.

Cette règle est parfaitement logique; le magistrat qui a fait une enquête sur les garanties qu'offrait le tuteur est responsable si l'enquête mal faite a donné une fausse sécurité.

Une idée générale sur la tutelle romaine, c'est que personne ne pouvant traiter pour autrui, le *tuteur* agissait toujours en son nom propre : c'était lui personnellement qui promettait et stipulait. Un axiome transporté dans notre droit, quoique formant chez nous un non-sens, est celui-ci : *Minor restituitur non tanquam minor, sed tanquam læsus.* Dans le droit romain, il fallait sous-entendre *minor viginti quinque annis ;* et voici l'explication de cette phrase :

La loi des Douze Tables n'avait reconnu qu'une sorte d'incapacité par l'âge : l'impuberté fixée à douze ans pour les filles, et quatorze ans pour les hommes ; mais, à partir de quatorze ans, l'homme entrait dans la plénitude de ses droits, et cela se conçoit, à une époque de barbarie où les transactions sociales étaient peu compliquées ; mais, plus tard, on reconnut que, quoique pubère à quatorze ans, un enfant n'avait pas encore à cet âge la maturité nécessaire pour la gestion des affaires, et l'on institua la majorité de vingt-cinq ans, de sorte que entre quatorze et vingt-cinq ans l'homme était capable ; seulement, s'il avait été trompé, lésé dans une transaction, *restituebatur, non minor tanquam, sed tanquam læsus.* On voit que chez les Romains cette idée était fort juste.

Une autre observation de même nature est la suivante :

L'acte fait par le mineur *n'est pas nul de plein droit*, dit notre Code, mais seulement *rescindable*. Cela ne signifie rien chez nous, et la dernière observation en prouve l'exactitude à Rome. La loi des Douze Tables, n'ayant prévu qu'une sorte de minorité, ne pouvait pas prononcer de nullité d'actes faits par des hommes qu'elle déclarait capables : je veux parler des *mineurs de 25 ans*. Mais, quand on voulut modifier cet état de choses, on déclara que les actes faits par les mineurs de vingt-cinq ans n'étaient pas nuls de plein droit, c'est-à-dire par la loi des Douze Tables, mais qu'ils pouvaient être rescindés.

Plaider, recevoir comptes de tutelle, recevoir un payement, sont les trois actes pour lesquels le curateur était obligatoire ; sauf cela, le mineur de vingt-cinq ans était libre de prendre ou non un curateur.

Sans entrer dans les détails des empêchements à la tutelle que les *Institutes* énumèrent et confondent sous la dénomination générique d'excuses, nous adopterons quatre divisions principales sous lesquelles se rangent toutes les énumérations :

AVANT L'ENTRÉE en tutelle.	**1° Exclusion. — Éloignement forcé de la tutelle.** **2° Dispense. — Empêchement volontaire de la part du tuteur appelé.**
APRÈS L'ENTRÉE en tutelle.	**3° Destitution.** **4° Démission.**

LIVRE DEUXIÈME.

DE RERUM DIVISIONE.

Jus in re ou droit réel (*adversùs omnes*).

Jus ad rem ou droit personnel (*adversùs certam personam* ou *certas personas*).

On appelle *droit réel* ou *absolu* le droit qu'on a sur la propriété, indépendamment de la personne, et *droit personnel* ou *relatif* celui qu'on a envers la personne, sauf à l'avoir indirectement sur la propriété ; en un mot, le droit réel est une sorte de chaîne qui part des mains du créancier sur la propriété du débiteur ; et le *droit relatif*, une chaîne qui rattache un individu à un autre, et au moyen de laquelle en attirant à soi celui qui y est attaché, on attire en même temps ses biens, s'il en a.

Au nombre des droits réels, sont ceux de propriété, servitudes, hypothèques, emphythèose, domaine résoluble.

Les droits personnels sont les délits, etc.

On appelle *fongibles* les choses qui peuvent se remplacer par d'autres, et *non fongibles*, celles qui sont identiquement les mêmes. —Il y a entre elles la différence du *mutuum et commodat*.

Choses *extra patrimonium*.

- Choses n'étant et ne pouvant être *in patrimonio*.
  - Communes.
    - Mer.
    - Eau courante.
    - Air.
    - Rivages de la mer.
  - Publiques..
    - Ports de mer.
    - Bords de mer pour usage de navigation.
    - Fleuves.
  - D'université
    - Théâtres.
    - Bains publics.
    - Stades.
  - *Nullius, divini juris, id est à divino jure.*
    - *Sacræ*, dédiées aux dieux supérieurs.
    - *Religiosæ*, dédiées aux dieux inférieurs.
    - *Sanctæ*,
      - murs.
      - portes.
- Choses n'étant pas, mais pouvant devenir *humani juris*.
  - Animaux sauvages, etc.
  - Choses abandonnées par le propriétaire.
  - Le trésor.
  - Iles nées dans la mer.
  - Objets inanimés, n'ayant jamais appartenu à personne (coquillages).

Res sacræ, dédiées aux dieux supérieurs; sous Justinien, ces distinctions païennes disparurent, et on appela *sacræ* les choses consacrées à Dieu; *religiosæ*, celles consacrées aux dieux Mânes, par exemple, une terre où l'on avait enseveli un mort. *Sanctæ*, les murailles, parce qu'une tradition rapporte que Romulus et Remus, ayant tracé fictivement l'enceinte de leur ville sur le sable, Remus, ayant franchi les fossés faits par Romulus, fut tué par lui.

Res mancipi.

Ñec mancipi.

Il y avait deux sortes de propriété : celle qui s'acquérait par le droit civil, et celle qui s'acquérait par le droit des gens.

Le droit civil s'appliquant aux choses *mancipi* donnait une propriété complète.

Les choses *mancipi*, dans le principe, étaient les fonds de terre italiens, les esclaves, les bêtes de somme, et les servitudes sur les fonds *italiens*. Tout le reste était *nec mancipi*.

Quand on omettait, pour l'aquisition des choses *mancipi*, l'une des formalités du droit civil, on n'avait que la propriété *in bonis*; il est probable que, dans les premiers siècles, l'omission d'une de ces formalités annulait l'acte; mais, plus tard, par tolérance, on accorda une propriété incomplète, l'*in-bonis*, à une acquisitition incomplète elle-même.

Res mancipi. Le droit civil appartenait seulement au citoyen romain.	*Ex jure quiritium.* *In bonis.* Propriétaire d'un fonds provincial.

Les fonds provinciaux sont de deux sortes : *stipendiaria* et *tributaria*.

Stipendiaria, sont la propriété du peuple romain.

Tributaria, celle de César.

L'acquéreur de ces biens ne peut obtenir sur ces biens qu'une propriété de fait. Les fonds italiens étaient ceux situés dans un rayon de 100 milles autour de Rome.

Étranger.............	Propriétaire d'un fonds quelconque.

MODES D'ACQUÉRIR.

- Droit des gens
  - Occupation.
  - Accession.
  - Tradition.
- Droit civil
  - *Mancipatio.* / *In jure cessio.* — *Deditio noxæ.*
  - *Usucapio.*
  - *Hæreditas.*
  - *Legata.*
  - *Fidei-commissa.*
  - *Adrogatio.*
  - Acquisition de femme et de ses biens par le sénatus-consulte Claudien.
  - *Emptio bonorum sub coronâ.*
  - *De eo cui libertatis causâ bona addicuntur.*

- Droit des gens
  - Occupation, c'est-à-dire
    - Appréhension.
    - Détention.
    - Possession.
  - Accession.
  - Tradition.

L'occupation s'applique aux choses qui n'appartiennent à personne, comme le produit de la chasse, de la pêche, l'invention d'un trésor, etc.

L'*accession* est l'union de deux corps séparés, leur fusion en un seul, de manière que l'un des deux se confonde avec l'autre et lui donne son nom, l'autre y perdant le sien. Est-ce une manière d'acquérir? M. Ducaurroy répond négativement d'une manière absolue; mais la vérité, c'est que parfois elle sert à acquérir, parfois elle n'a pas cet effet.

Accessorium sequitur principale est un axiome moderne, applicable à l'accession.

1° De la *pourpre*, cousue à un manteau, est perdue pour le propriétaire, *res extinctæ vindicari non possunt.* En effet, il n'existe plus de pourpre, mais un manteau garni de pourpre comme de tous autres accessoires, et on perd la propriété de la pourpre, parce que la revendication se faisant par la désignation de l'objet revendiqué et l'ordre, donné par le préteur de le restituer, il serait impossible au préteur de restituer purement et simplement la pourpre à celui qui viendrait lui dire : *Hanc purpuram aio esse meam.* Il répondrait : *Non video purpuram*; *video vestimentum*. Cependant on introduisit un mode d'action qui suppléait à la revendication ; par l'action *ad exhibendum*, on faisait détacher la pourpre du manteau, et elle pouvait alors être revendiquée.

2° Si j'élève une *construction* avec les matériaux d'autrui, (on suppose bonne foi dans ces deux exemples), sur la réclamation du propriétaire des matériaux, suis-je obligé de démolir mon bâtiment? Non. On créa l'action *de tigno juncto*, qui donnait le double de la valeur.

En un mot, l'accession est moins une manière d'acquérir propre, que la procédure de l'action en revendication.

Par l'accession, la propriété n'est pas perdue, elle sommeille; on peut diriger l'action *ad exhibendum*, excepté dans le cas de constructions, car alors la loi des Douze-Tables défend dans l'intérêt public la destruction des édifices élevés.

Le paragraphe 31 des *Institutes* (liv. II, tit. Ier), prend pour exemple une *plante* appartenant à autrui et placée dans un terrain : appartient-elle au propriétaire du terrain? Oui, si elle a poussé des racines, parce que alors la terre lui a donné ses sucs nourriciers, et elle s'incorpore avec elle.

Le paragraphe 21 cite une portion de terre détachée qui subit le même sort à peu près que la plante : si des arbres, croissant sur ce fragment de terre ont poussé des racines sur le fonds voisin, elle devient partie intégrante de ce fonds.

Ces différents exemples d'accession ne transfèrent pas la propriété.

En voici d'autres, au contraire, qui la transmettent véritablement :

Paragraphe 20 (*Institutes*). L'alluvion, accroissement insensible, donne la propriété de ce que le fleuve ajoute peu à peu à votre terre.

Paragraphe 33 et 34, également pour l'écriture ou la peinture faite sur le papier ou la toile d'autrui.

Dans ces différents cas le *propriétaire de l'accessoire* est-il dépouillé sans indemnité? Non, la loi lui donne l'exception *de dolo malo*, voici comment :

Propriétaire du papier j'écris sur mon papier l'œuvre d'un autre, cet autre peut me réclamer le tout, parce qu'il est propriétaire de l'accessoire, mais je le repousse par l'exception de *dolo malo* s'il ne veut pas me payer la valeur du papier.

Propriétaire d'une toile, un peintre a fait un tableau sur cette toile, il est évident que le tout appartient au peintre; mais comment le propriétaire de la toile sera-t-il indemnisé ? Si, ce qui arrivera le plus souvent, c'est le peintre qui est détenteur du tout, la loi donne au premier une action utile, à la différence de l'exemple précédent où elle ne lui donne qu'une exception, c'est que dans cet exemple c'est presque toujours le propriétaire du principal, le papier, qui détient le tout, tandis qu'ici c'est le propriétaire de l'accessoire, le peintre, qui détient le principal, la toile. Mais si c'est au contraire le propriétaire de la toile qui détient le tout, si le peintre le lui réclame sans payer le prix de la toile, c'est alors qu'il peut être repoussé par l'exception *de dolo malo*.

Tableau de l'action et des exceptions.

Le demandeur s'adressait au préteur ; celui-ci constituait un juré en lui disant : *judex esto;* le préteur écoutait ensuite le demandeur et le défendeur, et sans examiner si l'*action* était fondée ou non, il voyait seulement d'avance quelle peine il y aurait lieu d'appliquer par le jury dans le cas où l'action serait justifiée. Voici la formule du préteur :

Préteur au juré :
- *Judex esto.*
- *Si paret Titium à Sempronio decem millia stipulatum esse,*
- *Condemna Sempronium* (1).
- *Si non paret, absolve Sempronium.*

Exceptions :

(1) *Nisi vi coactus promiserit* (quo casu absolve); (2)
(2) *Nisi postea ratum habuerit* (quo casu condemna); (3)
(3) *Nisi dolo malo adversarii ratum habuerit* (quo casu absolve).

En un mot l'*action*, c'est en quelque sorte une lance, l'*exception* un bouclier destiné seulement à recevoir et à repousser les coups.

Nous avons vu ce que c'est que l'accession.

La spécification, c'est la confection d'un objet avec la matière d'autrui ; elle fait l'objet du § 25.

Mélange...	1° Avec consentement.	1. Tout devient commun.
		2. Chacun a l'action *communi dividundo.*
	2° Sans consentement.	1. Chacun reste propriétaire de sa chose.
		2. Chacun a l'*action en revendication.*
Confusion..	1° Dans tous les cas, la masse devient commune.	
	2° Chacun a l'action *communi dividundo.*	

En droit romain, la convention ne suffit jamais pour transférer la propriété, il faut la *tradition* accompagnée de *justa causa* ou *justus titulus*, c'est-à-dire avec intention de transférer ou de recevoir la propriété. (*Introduction*, page 32.)

La propriété est transférée *dummodo intervenerit consensus de transferendo dominio, quamvis dissenserimus circà causas transferendi.*

Exemple : Sempronius, se croyant débiteur envers Titius, lui livre, pour s'acquitter, sa maison, que Titius accepte, dans la pensée que c'est une donation qui lui est faite. Il est évident, d'une part, qu'il y a eu *tradition* et de l'autre qu'il y a eu *juste cause*, puisque les deux parties ont également eu l'intention de livrer et de recevoir à quelque titre que ce soit : ce qui constitue translation de propriété.

Justa causa, c'est l'intention réciproque d'acquérir et d'aliéner.

Il y a deux sortes de traditions, de longue main, et de brève main ;

De longue main. — 1° Lorsqu'on ne touche pas matériellement l'objet : ainsi je vous livre un champ que je vous montre du haut d'une tour ; il y a *tradition* de longue main, c'est-à-dire par les yeux.

2° Je vous livre les objets contenus dans un magasin en

vous en livrant les clés, pourvu que ce soit en apercevant le magasin : c'est ce qu'on nomme à tort *tradition* symbolique.

De brève main. — 1° Lorsque Titius doit une maison à Sempronius, Sempronius veut en transférer la propriété à Decius; Sempronius autorise Titius à en faire *tradition* directe à Decius, et alors on suppose qu'il y a eu double *tradition* et que la propriété a reposé un moment de raison sur la tête de Sempronius, considération qui peut être importante pour l'ouverture ou l'existence de certains droits.

2° Titius est détenteur, à titre de prêt, du cheval de Sempronius ; Sempronius, pour le lui vendre, n'aura pas besoin de lui faire *tradition*, par la raison qu'il possède, et dans ce cas, l'intention seule suffira.

3° Titius est propriétaire d'une maison dans laquelle il habite ; il la vend à Sempronius : il déclare qu'il veut y rester comme locataire de Sempronius, et cette seule déclaration transfère la propriété à Sempronius, sans la *tradition*, qui devient impossible, puisque Titius conserve la possession.

La *tradition* n'est donc pas *datio possessionis ?* — Si, parce que l'on peut posséder par autrui, pourvu qu'il y ait *animo domini ;* on peut posséder *animo suo*, même *corpore alieno.*

Un principe général sur la propriété, c'est qu'on n'aliène jamais par autrui, mais on peut acquérir par autrui : par ses enfants et ses esclaves. C'est l'objet du § 43. (*Instit.*, liv. 2, tit. I.)

Modes du droit civil.

La *mancipation* est un des modes du droit civil pour acquérir la propriété ; elle ne s'applique qu'aux choses corporelles ; elle nécessite la présence de cinq témoins et d'un sixième qu'on nomme *libripens*, et dont la fonction consiste à tenir une balance que l'acheteur touche de la pièce de monnaie qui doit être le prix, en prononçant ces paroles sacramentelles : « Par cet airain et cette balance, que telle chose me soit acquise. »

La *cessio in jure* s'applique aux choses corporelles et incorporelles. C'est un procès fictif : *Hanc rem aio esse meam, an contrà vindices?* — Entre l'un qui dit oui, l'autre ne disant pas non, le procès est jugé.

L'usucapion est subordonnée à quatre conditions :

1° Chose susceptible d'être usucapée ;

2° Possession ;

3° Bonne foi (il y a bonne foi toutes les fois qu'il y a juste titre) ;

4° Temps voulu par la loi.

L'usucapion *est adjectio dominii per continuationem possessionis, temporis lege definiti.* Le juste titre en fait d'*usucapio*, c'est ce qui fait croire qu'on est propriétaire.

L'*usucapion* avait pour but de convertir en domaine quiritaire l'*in bonis* résultant de l'aliénation d'une chose *mancipi* faite par le seul mode du droit des gens : elle a encore pour but de faire acquérir au possesseur de bonne foi la propriété des choses *mancipi et nec mancipi* qui ont été aliénées et livrées par une personne non propriétaire.

On ne peut usucaper les choses qui ne sont pas dans le le commerce, et entre autres les fonds provinciaux. La même exclusion s'applique aux choses furtives. La dénomination de furtives n'empêche pas seulement l'*usucapion* à l'égard du voleur, car il a contre lui la mauvaise foi, mais elle entache l'objet volé d'un vice radical, qui empêche l'*usucapion* à l'égard même des possesseurs de bonne foi et à perpétuité.

Pour qu'une chose volée puisse être usucapée, il faut qu'elle rentre dans les mains du propriétaire et qu'elle en ressorte sans vice. Pour usucaper, il faut avoir une possession civile ; la possession civile présente en droit romain deux sens bien distincts : quelquefois elle désigne la possession capable d'usucaper, quelquefois la possession *ad interdicta.*

Dans l'un et l'autre cas, elle se compose d'un fait et de l'intention de détenir, *animo domini*. Ainsi, trois significations du mot POSSESSIO : *naturalis,* sans intention; *ad interdicta*, fait et *animo domini;* la possession civile par excellence, ou *possessio ad usucapionem :* elle comprend le fait, l'*animo domini* et la bonne foi.

Les qualités de la possession civile sont : 1° qu'elle soit paisible *nec vi;* 2° publique *nec clàm;* 3° non précaire (étymologie, *precari*). Les anciens plébéiens *priaient* les patriciens de leur laisser les terres qu'ils cultivaient.

La bonne foi n'est nécessaire qu'au moment où la possession commence, peu importe qu'elle cesse depuis.

Justa causa ou *justus titulus* n'est autre chose que la justification de la bonne foi.

Il faut deux ans pour usucaper les immeubles, et un an pour les meubles.

Prescriptio longi temporis ne s'applique qu'aux immeubles situés dans les provinces : elle s'acquiert par dix ans entre présents et vingt ans entre absents.

L'*usucapion* donne un droit de propriété; la *prescription* ne fait qu'acquérir une exception au possesseur.

L'*usucapion* fait acquérir la chose avec toutes les charges, la *prescription* fournit exception, non-seulement contre le précédent propriétaire, mais contre toutes personnes ayant des droits réels.

Donation (*doni datio*), n'est pas une manière d'acquérir la propriété, c'est une des justes causes.

Donation signifie transfert de propriété à titre gratuit. *Elle est entourée, dans toutes les législations, de règles particulières qui la rendent plus difficile, dans cette pensée que, pour se dépouiller gratuitement, il faut qu'il y ait quelque cause secrète contre laquelle le législateur a voulu prémunir celui qui donne.*

En droit français, le consentement constitue le contrat; certains contrats seulement sont assujettis, par exception, à certaines formalités.

En droit romain, au contraire, le consentement ne constituait jamais le contrat; il fallait des formalités solennelles.

Le mot *contrat* vient de *contraherre*.

Pacte de *pacisci*, parce que, quand on fait la paix, on est, d'accord.

Le *contrat* est obligatoire.

Le *pacte* ne l'est pas.

La donation faite avec des formes solennelles opère convention obligatoire; avec des formes non solennelles, ce n'est qu'un simple pacte : loisible au donateur d'accomplir ou non sa promesse.

Les contrats *obligatoires* ou *légitimes* l'étaient par le fait du préteur ou de l'empereur.

L'*insinuation* fut exigée par Constantin pour toute donation excédant 200 solides.

Justinien ne l'exigea que pour celles qui dépassaient 500, et encore ne prononça-t-il pas nullité de celles qui excédaient cette somme sans insinuation, mais il les réduisait à ce taux. De plus il dispensa de l'écriture. En outre, il voulut que le simple pacte de donation donnât une action au donataire contre le donateur; c'est-à-dire qu'il en fit un véritable pacte consensuel.

Trois sortes de donations.	*Inter vivos.*	
	Mortis causa.	Je puis la révoquer jusqu'à ma mort; Si je meurs dans le combat, la donation est accomplie.
	Propter nuptias.	

La donation *propter nuptias* fut inventée par les empereurs de Constantinople, probablement pour assurer à la femme le gain de survie analogue à celui du mari sur la dot de sa femme.

Qui peut aliéner. — Par qui nous pouvons acquérir.

Le créancier gagiste, sans être propriétaire, peut aliéner le gage. Mais, à vrai dire, c'est par l'autorisation tacite du propriétaire.

Le pupille ne peut aliéner sans autorisation du tuteur.

Par qui nous pouvons acquérir :

Puissance dominicale. — Esclave.
» paternelle. . — Enfants.
» *in manus*. . — Femme.
» *mancipium*. — Fils de famille vendu par son père, et sur lequel l'acquéreur a le *mancipium*.
» *dominicale*. — Le nupropriétaire et l'usufruitier acquièrent dans la proportion de leurs droits.
» *paternelle*. — Le droit paternel a été restreint par les pécules.

En droit romain on ne peut jamais acquérir par personne non soumise à sa puissance.

Le mandat ne peut transférer directement la propriété ; le mandataire achète ; la propriété repose un instant sur sa tête et ce fait reçoit toutes ses conséquences légales. Je ne puis que réclamer à mon mandataire en vertu du mandat qu'il a reçu de moi.

Servitudes.

Le droit de propriété est un droit fort complexe, c'est-à-dire composé d'attributions diverses. Ces attributions sont même quelquefois tellement distinctes, qu'elles peuvent appartenir à plusieurs personnes différentes : il y a alors *démembrement de la propriété*. De ce que nous venons de dire, il résulte qu'il peut y avoir autant de *démembrements* qu'il y a de manières de profiter du droit de propriété, et que le *démembrement* est une véritable addition à la propriété *dominante*. C'est une aliénation partielle du fonds servant.

Le droit de propriété est complet ou incomplet ; incomplet lorsqu'il est grevé de servitude : les charges imposées par la nature ou la loi ne sont pas une servitude, parce que c'est l'état normal du fonds qui y est soumis, tandis que la servitude est une exception. Le droit de propriété se compose de trois parties, *utendi, fruendi, abutendi*. On distingue entre les servitudes en faveur d'une personne, *servitutes personarum*, l'usufruit, l'usage ou l'habitation ; et les servitudes établies en faveur d'un fonds ou servitudes réelles.

Les servitudes réelles se subdivisent elles-mêmes en servitudes rurales ou *servitutes prædiorum rusticorum*, et *servitudes urbaines* ou *servitutes prædiorum urbanorum*. Voici les définitions de ces différentes servitudes données par les *Institutes* et le *Digeste* :

Digeste...	1° Rurales. .	— *quæ solo inhærent;*
	2° Urbaines.	— *quæ superficiei inhærent;*
Institutes.	1° Rurales. .	— *quæ solo inhærent;*
	2° Urbaines.	— *quæ ædificio inhærent.*

Les servitudes s'éteignent *non utendo* : les servitudes urbaines par le non-usage (on ne regarde pas comme non-usage de ne pas regarder par une fenêtre, parce que ce n'est pas là le seul usage d'une fenêtre) ; les servitudes urbaines, s'il y a eu de la part du fonds servant un fait contraire à la servitude, si par exemple un mur a été élevé pour empêcher un passage.

Il y a trois principes généraux qui règlent les servitudes, et sont la source d'applications très-précieuses en droit :

1° Nul n'a de servitude sur son propre fonds ; *nemini res sua servit*. De là deux conséquences : la première, si j'achète un fonds avec une servitude, elle s'éteint dans mes mains, et ne revit pas si je ne la constitue de nouveau en vendant ce fonds. La seconde : *tanquàm dominus;* j'ai des jours de souffrance dans un mur non mitoyen, dans un mur confin, c'est-à-dire bâti sur la dernière limite de mon terrain ; ces jours existent depuis plus de trente ans : mon voisin peut-il me les faire fermer ? Oui, en achetant la mitoyenneté du mur ; j'ai, en effet, possédé comme propriétaire sur mon propre fonds, je n'ai pu prescrire, à l'égard de mon voisin, puisque je ne jouissais, je n'étais en possession d'aucun de ses droits ; or, d'après la maxime *quantùm possessum, tantùm præscriptum*, je n'ai rien possédé contre mon voisin ; je n'ai donc rien pu prescrire contre lui.

2° Il faut que la *servitude* soit constituée *pour l'utilité* de la personne ou du fonds, et non pour l'agrément.

3° Le propriétaire d'un fonds qui doit la servitude *ne doit rien faire*, il est seulement tenu de *laisser faire*.

Une différence analogue entre l'usufruitier et le fermier, c'est que le propriétaire est obligé de *laisser jouir l'usufruitier*, et *de faire jouir le fermier* ou *locataire*.

L'*usufruit* est le droit de jouir des fruits que la chose est destinée à produire.

On distingue les fruits en *civils* et *naturels*.

Si l'usufruitier meurt la veille de la récolte, il n'y a aucun droit ; s'il mèurt le lendemain, la récolte est acquise à sa succession ; ce sont des fruits *naturels*.

Les fruits *civils*, au contraire, s'acquièrent jour par jour.

Les Romains distinguaient entre le fermage et le loyer d'une maison ; le droit français n'établit pas cette distinction.

L'*usage* était plus restreint que l'usufruit ; c'était le droit de prélever une portion sans pouvoir faire de provision ; c'était une concession d'humanité.

Le droit d'usage d'une maison, c'est le droit de l'habiter, sans celui d'en tirer un produit de location ; le droit d'usufruit, au contraire, c'est le droit d'habiter ou de louer à sa volonté.

Le *droit d'habitation* est une troisième combinaison du droit romain assez inutile, car l'usufruit et l'usage paraient à tout ; le droit d'habitation donnait le droit de louer. Mais il est assez arbitraire : probablement il s'est introduit par suite de quelques dispositions testamentaires d'hommes ignorant les lois, et qui l'avaient établi sous cette dénomination bâtarde dans leur testament.

La petite diminution, c'est-à-dire l'adoption, fait cesser

l'usufruit, parce que l'usufruit est attaché à la personne ; elle ne détruit pas le droit d'habitation, il participe de la nature de l'usufruit et de l'usage.

Les servitudes s'acquièrent de trois manières :

1° Par testament ;

2° Par pacte et stipulation avec tradition ;

3° *Diuturno usu.*

La loi *Scribonia* supprima l'*usucapion* à l'égard des servitudes.

Moyens d'extinction :

Les servitudes personnelles sont l'usufruit, l'usage et l'habitation ; elles disparaissent avec la personne matérielle ou civile pour laquelle elles avaient été constituées. Justinien déclara que la petite diminution de tête n'éteignait pas l'usufruit.

Le droit d'habitation *ne* s'éteignait pas par la diminution de tête.

On appelle *consolidation* la réunion sur la même tête de la propriété et de l'usufruit, soit que le propriétaire acquière l'usufruit, soit que l'usufruitier acquière la propriété ; c'est un mode d'extinction de l'usufruit.

On ne peut pas céder l'usufruit, on peut le vendre ou le louer.

Quant aux servitudes réelles, elles s'éteignent par la disparition du fonds servant.

Des testaments.

L'héridité, c'est l'universalité des droits et des dettes du défunt, ou autrement, c'est la continuation du défunt dans la personne de l'héritier.

L'hérédité est ou testamentaire ou *ab intestat*, c'est-à-dire légitime.

Quelques principes généraux serviront de guide dans l'étude de cette partie du droit :

1° L'*hérédité testamentaire* a toujours le pas sur l'hérédité légitime, d'où la conséquence que l'hérédité légitime ne peut s'ouvrir que quand il est constant qu'il n'y a pas d'hérédité testamentaire.

2° On ne peut mourir partie *testat*, partie *intestat*.

Qu'est-ce que l'*hérédité* du droit *civil* et la *bonorum possessio* ?

La loi des Douze Tables avait exclu les femmes et déféré l'hérédité aux descendants soumis à la puissance du défunt, à leur défaut aux agnats.

La *bonorum possessio*, c'est une hérédité déguisée : *has iniquitates prætor ferre non potuit*, disent les jurisconsultes, en parlant de la législation existante à cette époque, et alors fut instituée cette succession prétorienne.

Quand il y avait un testament nul suivant le droit civil, et que cependant le préteur maintenait le testament qui aurait dû être nul par infraction de certaines formalités, on disait alors qu'il y avait *bonorum possessio secundum tabulas* (*testamenti*).

Quand au contraire le préteur déclarait le testament nul, il y avait alors, au profit des héritiers institués par le préteur, *bonorum possessio contra tabulas*.

Dans le premier cas, le préteur instituait un héritier *ab intestat*.

Dans le second, il instituait des héritiers testamentaires.

Testamenti factio (CAPACITÉ DE TESTER.)

Cinq conditions sont nécessaires pour avoir la capacité de tester :

Capacité civile.	1° Être citoyen romain.	
	2° *Sui juris.*	On pouvait disposer par testament du pécule *castrans* et *quasi-castrans*, mais non des pécules *adventice* ni *profectice*.
	3° Pubère.	
Capacité au moment de la confection du testament.	4° Sain d'esprit.	
	5° Capacité physique de faire un testament.	

La rubrique, *quibus facere testamentum non permissum est*, présente une idée fort juste des principes même de la matière. En effet, la faculté de tester est une exception à la loi générale, en vertu de laquelle les successions devraient s'ouvrir *ab intestat*.

A quelle époque faut-il avoir la capacité de tester? En général, lors de la confection du testament et de la mort du testateur.

Les trois premières conditions comprises sous la dénomination de capacité civile, sont nécessaires au moment de la confection et de la mort; les deux dernières seulement au moment de la confection. Toute diminution de tête rend impossible le testament.

Capacité dans l'héritier.

On ne peut pas instituer héritier :

1° Étrangers;

2° Esclaves d'étrangers;

3° Personnes incertaines;

4° L'esclave avec qui la femme a commis adultère ne peu être institué par elle.

A quelle époque doit exister la capacité dans l'héritier?

Lors de la confection du testament, de l'ouverture de la succession, et de l'adition d'hérédité.

Quid si la capacité a été perdue pour le testateur entre la confection du testament et sa mort? Le testament est nul suivant le droit civil; mais le préteur accorde la *bonorum possessio secundum tabulas*, pourvu qu'il n'y ait pas d'enfants au préjudice desquels serait fait le testament; car le préteur préfère toujours les enfants, et n'accorde la *bonorum possessio* que quand il n'y en a pas.

Si le testateur est prisonnier de guerre, son testament n'est pas nul, dans les circonstances prévues par la fiction du *postliminium*, et la loi Cornelia.

Celui qui mourait sur l'échafaud était véritablement dans une position analogue à celle de notre mort civilement, et ses biens passaient au fisc. Quelques condamnés à la peine capitale s'étaient suicidés en prison, pour échapper à la mort civile. Les préteurs imaginèrent alors une fiction atroce qui supposait que le suicidé en prison avait été son propre bourreau, et avait ainsi encouru la mort civile.

Confection des testaments.

Il y avait anciennement deux manières de faire les testaments;

1° *Calatis comitiis;*

2° *Procinctu.*

Les testaments *calatis comitiis* étaient ceux que les comices étaient appelés à sanctionner; deux fois par an ils se réunissaient à cet effet.

Le testament *in procinctu* étaient celui que faisaient les soldats avant d'aller au combat, en présence et sur le vote de l'armée qui, à la guerre, représentait le peuple.

Ce vote du peuple ou de l'armée s'explique par cette raison que les testaments étant une dérogation à la loi civile, le peuple seul pouvait l'autoriser.

Mais il dut arriver qu'une personne étant tombée malade entre la réunion semestrielle des comices, et se trouvant ainsi surprise sans avoir fait son testament (chose fort rare à Rome), consulta des jurisconsultes qui, par une sorte de subterfuge, l'engagèrent à prendre une espèce de compère qui jouait le rôle d'acheteur et fût chargé de remettre ces biens, fictivement vendus, à l'héritier qui lui serait désigné : c'était un véritable *fidéicommis;* ce testament s'appela *per æs et libram*, parce qu'il se faisait dans les formes de la mancipation.

Cette fiction, inventée par les jurisconsultes, devint le droit commun ; mais comme les Romains craignaient de faire connaître d'avance leurs héritiers, on corrigea ce mode, et on établit cette sorte de *fidei-commis* en faveur d'une personne dont le nom était écrit sur un papier fermé et cacheté : on exigea pour cette forme de testament la présence de cinq témoins qui, avec le *libri-pens* et l'*emptor familiâs* (acheteur fictif), devaient apposer chacun un cachet. Plus tard on supprima une partie de ces formalités et on déclara qu'un testament revêtu de sept cachets valait comme testament secret. (C'est notre testament mystique.)

On alla même jusqu'à reconnaître un testament verbal fait avec ces formalités.

Dans l'origine, il fallait la *mancipatio*, etc., la *nuncupatio*, c'est-à-dire la proclamation à haute voix ; sous Justinien il n'y avait plus que la *nuncupatio*. Dans le testament verbal on n'apposait plus le cachet des sept témoins : ce testament s'appelle aussi *tripartite* parce qu'il vient de trois droits : *tripartite* ou *mystique* ou *secret* s'applique au même testament.

Pour les testaments de militaires il n'y avait pas de formalités, et ce privilége subsistait même pendant un an après le retour des camps. Après cela le militaire devait le faire *jure communi*.

L'institution d'héritier *est caput et fondamentum totius testamenti*. C'est le choix solennel d'un successeur.

L'*institution* pouvait être modifiée par une condition, mais non par un terme fixe : le terme incertain équivaut à une condition, et il est permis comme formant une condition plus qu'un terme.

Il n'y avait dans l'origine qu'une alternative pour l'héritier : ou accepter ou refuser purement et simplement, sans qu'il y eût aucun délai fixé pour faire ce choix : les créanciers étaient de cette manière à la merci, pour ainsi dire, de la timidité de l'héritier. On établit la *crétion*, c'est-à-dire *décision*. (L'étymologie est *cernere*, *crevi*, *cretum*, se décider.)

Elle permettait au testateur de fixer un délai (ordinairement de cent jours, après lequel, si l'héritier ne se décidait pas, un autre lui était substitué. Mais, comme une révocation ne pouvait qu'être direçte et formelle, on décida que le substitué partagerait l'hérédité avec le premier institué, à moins qu'il n'eût été positivement exprimé dans le testament que, faute par l'héritier de se décider dans le délai fixé, il serait exhérédé.

Cette décision de partage entre l'héritier et le substitué fut prise par Tibère, à l'occasion d'un de ses esclaves nommé Parthénius, qui avait été institué héritier par un testateur qui le croyait libre : ce jugement de Tibère, loin d'être un caprice de tyran, était une solution impartiale, puisqu'il aurait pu tout prendre pour lui. C'est une solution de la difficulté, qui s'était élevée à l'occasion d'une institution d'héritier avec erreur sur la personne, qu'on croyait libre, et qui était esclave.

La *substitution* n'est autre chose qu'une institution conditionnelle d'héritier. Il y a quatre epèces de substitutions :

Substitutions.. { Vulgaire,
Pupillaire,
Exemplaire,
Fidéi-commissaire.

Dans les derniers temps des empereurs, l'esprit de débauche et d'avarice éloignant à la fois les citoyens romains et du mariage et du désir d'avoir des enfants, il fut ordonné que les célibataires et les gens mariés sans enfants ne pourraient être institués héritiers : la crainte de laisser après sa mort sa succession aller au fisc en vertu de la loi caducaire (loi *Pappia Poppæa* qui a vécu depuis Auguste jusqu'à Justinien) fut l'origine des substitutions. De là la *substitution vulgaire*.

La *substitution pupillaire* s'explique par deux motifs; 1° par la crainte que l'enfant impubère mourût *intestat ;* 2° par une sorte de protection contre la cupidité des *agnats*, qui avaient intérêt à faire mourir l'impubère.

6.

Le deuxième motif est le plus vraisemblable.

On peut faire une substitution pupillaire à ceux à qui l'on peut nommer un tuteur par testament; car, si mon petit-fils doit retomber à ma mort sous la puissance de son père, je ne puis pas lui donner de tuteur, ni par conséquent faire pour lui une substitution pupillaire, puisque, dans le cas où il mourrait impubère, il ne laisserait pas d'hérédité, son père existant encore.

La *substitution exemplaire* est celle établie par le père à son fils fou : on la nomme exemplaire par suite de son analogie avec la substitution pupillaire.

La substitution fidéi-commissaire est celle d'un institué pubère chargé, sous sa foi, de transmettre les biens du défunt à un substitué.

Il faut que le *substitué* survive à l'institué. Cela se conçoit : par le droit d'accroissement il y a réunion de la part à la part; par la substitution il y a réunion de la personne à la personne; quand la succession ne trouve pas l'institué, elle va trouver le substitué. On comprend dès lors qu'il faut que le substitué survive à l'institué.

La substitution réciproque entre cohéritiers ne revient-elle pas au même que le droit d'accroissement? Non, car, quand il y a substitution, le fils ne prend rien; quand il y a seulement *jus accrescendi*, le fisc vient prendre la part de l'héritier qui ne succède pas.

Le principe consigné dans la loi des Douze Tables est celui-ci : *Uti patrisfamilias lex esto.*

Ainsi un père de famille pouvait léguer toute son hérédité à des étrangers au détriment de ses enfants; mais cette législation subit des modifications successives.

Les jurisconsultes établirent qu'il fallait exhéréder formellement ses enfants, qu'on ne pouvait les passer sous silence dans son testament; c'était un premier pas vers une idée assez heureuse : c'est que, si l'exhérédation était faite sans motif, on en tirait la conséquence que le père n'avait pas toute sa raison, et alors le testament était annulé comme inofficieux, à moins que l'enfant n'eût le quart de ce qu'il aurait eu *ab intestat* : ce fut la quarte légitime.

Cependant le père qui voulait déshériter complétement son enfant en trouva un moyen, ce fut d'instituer son enfant héritier, mais de le grever de dettes au point de rendre nulle l'institution et de lui laisser *inane nomen hæredis*. On remédia encore à cet expédient : vint la *loi Falcidie* qui permettait aux héritiers de ne payer les dettes que jusqu'à concurrence des trois quarts, de sorte que le père de famille était encore ici trompé dans ses intentions d'exhérédation.

Quels sont les enfants qu'il ne faut point passer sous silence? Les héritiers siens, soumis à notre puissance immédiate, au moment de la confection du testament.

Le préteur mit les enfants émancipés et adoptés, sortis de leur famille adoptive, dans la même position, et leur accordait la *bonorum possessio contra tabulas*.

Une troisième classe qu'il était prudent d'exhéréder, si on ne voulait pas que son testament fût exposé à être annulé, c'étaient les *posthumes* et les *quasi-posthumes*.

Les posthumes sont les enfants conçus avant la mort du père et nés après (*post humationem*).

Les quasi-posthumes sont 1° ceux nés entre le testament et la mort ;

2° Les petits-enfants dont le père sortirait de la famille entre ces deux époques ;

3° Les petits-enfants qui, à la mort de l'aïeul, retombent sous la puissance du fils, relativement au testament de celui-ci : *de castrensi peculio*.

Il faut exhéréder *nominatim* les enfants mâles au premier degré ; *in cæteris*, les mâles à degré plus éloigné et les filles ; *in cæteris*, les posthumes, pourvu qu'on leur laisse quelque chose.

Effets de l'omission.

L'*omission* des héritiers siens proprement dits, c'est-à-dire d'un mâle au premier degré, rompt le testament ; il est nul *ab initio*.

A l'égard des posthumes et des quasi-posthumes sans distinction de sexe et de degré, le testament est bien valable d'abord, mais il est rompu par la survenance (*agnatio* ou *quasi-agnatio*) du posthume ou quasi-posthume ; leur exhérédation n'est donc, comme nous l'avons dit, qu'une mesure de précaution.

A qui appartient la *plainte d'inofficiosité* des testaments ?

1° Aux enfants exhérédés sans motifs ;

2° A la mère, *tantùm valet omissio matris, quantùm exhæredatio patris ;*

3° Aux frères et sœurs, quand la personne instituée est une personne honteuse.

Le moyen de prévenir l'annulation du testament, c'est de laisser un quart. A défaut de ce quart, le testament pouvait être rompu comme inofficieux ; mais Justinien décida que, dans ce cas, l'héritier n'aurait qu'une *action en supplément*. Cette action diffère de celle en inofficiosité, en ce qu'elle est personnelle, tandis que l'autre est réelle.

Il y a trois sortes d'héritiers :

1° Héritiers nécessaires (esclave institué par son maître, pourvu qu'il acquière par testament la qualité d'héritier en même temps que la liberté) ;

2° Héritiers siens et nécessaires ;

3° Héritiers externes.

L'*héritier nécessaire* est héritier *sive volens, sive nolens ;* mais le préteur imagina l'exception de division, au moyen de laquelle l'esclave perdait, il est vrai, tout ce qu'il avait, même son pécule, mais conservait du moins ce qu'il pouvait acquérir postérieurement, à la différence de l'ancienne loi qui engageait même cet avenir.

Les héritiers siens et nécessaires avaient le bénéfice d'abstension qui conservait leurs biens à venir et leurs pécules.

Les héritiers externes pouvaient accepter ou répudier ; cependant, comme leur hésitation à prendre un parti pouvait être préjudiciable aux créanciers, on imagina la *crétion* dont nous avons déjà parlé. Justinien, pour remédier à l'abus des lenteurs amenées par les héritiers envers lesquels la *crétion* n'était devenue la plupart du temps qu'une clause comminatoire, établit un véritable *bénéfice d'inventaire*, dans le cas où l'héritier acceptait de suite : c'était par faveur pour les créanciers. C'est même la différence de ce bénéfice d'inventaire avec le nôtre qui n'est établi qu'en faveur de l'héritier.

Puis, pour hâter encore le choix de l'héritier, on établit l'*usucapion lucrative* au préjudice de l'héritier, pour le punir de sa lenteur. C'était une appréhension, même de mauvaise foi, de la succession, par l'espace d'un an.

Après l'institution d'héritiers viennent les accessoires, les legs qui *pendent ab institutione hæredis*.

Quatre sortes de legs :

1° *Per vindicationem*,

2° *Per damnationem*,

3° *Sinendi modo*,

4° *Per præceptionem*.

1° *Per vindicationem*, le testateur s'adresse au légataire, et lui fait don de tel ou tel objet, que le légataire a dès lors le droit de revendiquer ;

2° *Per damnationem*, le testateur condamne au contraire l'héritier à remplir une certaine condition, et c'est à lui à faire les premières démarches, pour satisfaire à la volonté du testateur ;

3° *Sinendi modo* laisse l'héritier complétement inactif, et ne lui impose pour obligation que celle de laisser faire ;

4° *Per præceptionem*, c'est un préciput qu'un cohéritier est en droit de prendre, outre sa part héréditaire.

Qui peut faire un legs? Celui qui peut tester. On ne peut faire un legs à un héritier, ce qui revient à dire qu'on ne peut être à la fois légataire et héritier, excepté dans le cas du cohéritier qui prélève un préciput.

La qualité d'héritier s'acquiert au moment de l'adition; celle de légataire saisit de plein droit le légataire, parce qu'elle n'entraîne aucune charge.

1er janvier 1830, j'institue Sempronius.
Je lègue 10,000 fr. à son esclave Stichus.

1er janvier 1830, j'institue pour héritier Stichus, esclave de Sempronius.
Je lègue 10,000 fr. à son maître.

Je meurs le 1er mars 1835.

Dans le premier cas, le testament est nul par la *règle catonienne*, qui fait remonter à l'époque de la confection du testament sa capacité. En effet, Sempronius, ne pouvant pas transmettre sa qualité d'héritier, doit faire adition pour donner existence au testament; mais comme il est saisi de plein droit du legs, il est à la fois héritier et légataire, ce qui annule le testament. Il aurait en vain affranchi ou vendu Stichus; la loi catonienne faisait remonter les effets au moment de la confection.

Dans le second cas, au contraire, si le maître affranchit son esclave héritier, l'esclave transporte à un autre maître par la permission duquel il fait adition, ou à lui-même, s'il est affranchi, la qualité d'héritier, et alors les deux titres de légataire et d'héritier reposent sur deux têtes différentes; le testament est valable.

On ne peut faire un legs que par *testament* ou *codicille*.

On ne peut faire un legs qu'après l'institution d'héritier; mais Justinien déclara que l'institution pouvait le précéder ou le suivre.

On peut léguer les choses qui sont dans le commerce; on ne peut cependant léguer au légataire ce qui lui appartient déjà.

Si le légataire a acquis à titre gratuit la chose léguée, il ne peut plus la demander; mais, s'il l'a acquise à titre onéreux, il peut en demander l'estimation : *duæ causæ lucrativæ in eadem persona concurrere non possunt.*

Si, au contraire, je lègue une chose appartenant au légataire au moment de la confection du testament, mais ne lui appartenant plus au moment de ma mort, le legs est possible, mais devient nul par la règle catonienne, s'il n'est pas conditionnel, car, dans ce cas, il est régi par l'événement de la condition.

Quid, si je lègue ce que je dois, ou ce que le légataire me doit, ou ce qu'un tiers me doit?

Tout dépend des circonstances : le legs peut être plus avantageux que la créance, par exemple si elle est à terme, et alors le légataire peut préférer le legs à sa créance sur le défunt.

Quant à la *créance* que le testateur peut avoir sur un tiers, comme en droit romain il n'y avait pas, ainsi qu'en droit français, cession des créances, voici comment on s'y prenait pour l'opérer fictivement : le légataire s'adressait à l'héritier qui le constituait son *procurator in rem suam*, c'est-à-dire lui donnait pouvoir de toucher la somme en son nom, de lui héritier, par une sorte de fidéicommis, et le légataire ensuite la gardait pour lui : il en était de même toutes les fois qu'on voulait transporter une créance.

Sous quelles modalités peuvent être faits les legs?

1° A terme, à la différence de l'institution d'héritier qui ne peut jamais être que conditionnelle.

2° *Falsa demonstratio non nocet* : Si la désignation seule est fautive, sans que l'objet soit méconnaissable, elle n'empêche pas l'exécution de la clause testamentaire; ainsi, je lègue ma Bible reliée en vert, il se trouve à mon décès que je n'ai qu'une Bible reliée en bleu : le legs vaudra.

Falsa causa non nocet. Je lègue à Titus, qui m'a sauvé, ou parce qu'il m'a sauvé la vie; quand même il serait prouvé que ce motif est faux, le legs n'en subsisterait pas moins.

3° Le legs fait à titre de peine était nul; Justinien, qui nivelait tout, le déclara valable ; la peine était censée non écrite.

L'ouverture du legs diffère de son *exigibilité;* cette distinction a, dans certains cas, quelque importance; par exemple, quand il s'agit de fixer l'état dans lequel doit être fait le legs, est-ce l'état où il se trouve au moment de l'ouverture du legs, ou au moment de son exigibilité? En général, c'est l'époque de l'ouverture, excepté dans les legs personnels, l'usufruit, le don de liberté, etc., où l'on prend l'époque de l'exigibilité, parce que, ces legs ne pouvant être transmis, il est indifférent de séparer l'ouverture de l'exigibilité. Supposons, par exemple, un *legs* fait à Paulus d'une maison; ce legs lui est acquis le jour de l'ouverture, c'est-à-dire de la mort du testateur; si le légataire Paulus meurt avant l'exigibilité, par exemple, avant que l'héritier ait fait adition, la maison est acquise et passe à ses héritiers, dans l'état où elle était au moment de l'ouverture.

Supposons autrement, que j'aie légué à Paulus l'*usufruit* de cette maison; le legs ne s'ouvrira pour lui qu'à l'époque de l'exigibilité, c'est-à-dire qu'il la prendra dans l'état où elle sera au moment de l'adition de l'héritier, avec les additions ou changements qui pourront y avoir été faits.

En un mot, les legs doivent être délivrés tels qu'ils sont au jour de l'ouverture : l'*ouverture* a lieu au décès du testateur pour les legs non conditionnels ; au jour de l'événement de la condition dans ces sortes de legs ; au jour de l'adition dans les legs personnels. Jour de l'ouverture s'exprime par ces mots : *Dies legati cedit.*

L'*extinction des legs* s'opère de plusieurs manières :

1° Par la caducité de l'institution d'héritier ;

2° Par la révocation expresse ou tacite faite par le testateur (à la différence de l'institution d'héritier, dont la révocation ne peut qu'être formelle) ;

3° Par la mort du légataire avant l'ouverture du legs ;

4° Par l'extinction de la chose léguée.

A qui profite la caducité du legs? C'est ici que s'applique la prévision du *jus accrescendi ;* voici dans quel ordre il a lieu : A défaut du légataire, le legs passe au substitué ; à défaut du substitué, au colégataire conjoint ; à défaut de celui-ci, à la masse héréditaire. C'est celui qui eût souffert de l'adjonction du colégataire qui doit profiter de la non-adjonction ; en un mot, le principe fort simple de cette matière est celui-ci : où est la charge de la présence, là est le bénéfice de l'absence du colégataire.

Phraséologie de Paul.

1er EXEMPLE.	Je lègue ma maison à 1us Je lègue ma maison à 2us	1. *Disjunctim.* 2. Conjoints *re tantùm.*
2e EXEMPLE.	Je lègue ma maison à 1us et à 2us..................	1. *Conjunctim.* 2. Conjoints *re et verbis.*
3e EXEMPLE.	Je lègue ma maison à 1us et à 2us, chacun pour moitié.	Conjoints *verbis tantùm.*

Dans le premier exemple qu'arrive-t-il si *primus* ne recueille pas? *Secundus,* armé de sa disposition testamentaire, vient réclamer integralement la maison ; l'absence de *primus* ne permettant pas la moindre objection, la maison doit être délivrée à *secundus*, en quelque sorte par le droit de *non decrescendi* plutôt que *jure accrescendi :* ce legs *disjunctim*, *conjunctim re tantùm* est le plus favorable des trois, pris pour modèles ici.

Legs per vindicationem.

1. *Conjunctim :* Do, lego domum meam 1° et 2° ;
2. *Disjunctim :* Do, lego domum meam 1° ;
Do, lego domum meam 2° ;

Legs per damnationem.

1. *Conjunctim* : Heres meus damnas esto dare domum meam 1° et 2°;
2. *Disjunctim* : Heres meus damnas esto dare domum meam 1°;
Heres meus damnas esto dare domum meam 2°.

Dans le second exemple, au contraire, indiqué plus haut, le légataire ne peut, en quelque sorte, pas ignorer qu'il a un colégataire, puisque la disposition qui le désigne, en désigne aussi un autre : ils sont colégataires *re et verbis*.

Ces distinctions ont même été l'objet d'une confusion assez étrange dans les art. 1044 et 1045 du Code civil, où l'on suppose que le legs fait *conjunctim re et verbis* opère des droits plus étendus que le legs conjoint *re* ou *verbis tantùm*, tandis que c'est le contraire : ainsi, dans le premier exemple, le colégataire recueille intégralement et de plein droit, en l'absence de son colégataire, la totalité du legs, sans aucune des charges, par exemple, qui pouvaient grever la portion de son colégataire, tandis que, dans le second, il ne peut prendre la part qui ne lui était pas dévolue, qu'en en subissant les dettes.

Il y a des manières de transmettre directement la propriété : par institution d'héritier, par legs, etc.; il y a des manières indirectes : le *fidéicommis* et le *codicille*.

Avant Auguste, pour transmettre, il fallait observer certaines formalités solennelles, et en faveur de personnes capables.

Sous Auguste s'introduisit une innovation : la solennité de l'acte ne fut plus nécessaire, et on put disposer au profit de personnes incapables; de là, le fidéicommis et le codicille. Plus tard, le fidéicommis fut astreint à des formes plus sévères, le legs de son côté perdit de sa rigueur; de telle sorte qu'il s'opéra entre ces deux actes un rapprochement graduel, puis sous Justinien, une véritable confusion; ils ne différèrent plus que par le nom.

Les fidéicommis se faisaient par forme précative. Cela se concevait sous les anciennes lois qui ne reconnaissaient pas cette manière de tester ; mais, quand une fois elle fut légalement établie, il eût été rationnel qu'ils se formulassent en termes impératifs, puisqu'ils devenaient, sous Justinien, obligatoires ; ils se faisaient néanmoins sous cette forme, *precor*, etc.

Les fidéicommis étaient ou universels ou pour un objet particulier.

Il nous reste maintenant à fixer les rapports entre le fidéicommissaire et l'héritier.

Il faut distinguer quatre époques principales :

1° Depuis Auguste jusqu'au sénatus-consulte Trébellien ;

2° Depuis le sénatus-consulte Trébellien jusqu'au sénatus-consulte Pégasien ;

3° Depuis lors jusqu'au temps de Justinien ;

4° Innovations de Justinien.

Dans la première période, le fidéicommis était légalement reconnu; mais son exécution n'était pas réglée. Dans le silence de la loi, l'héritier et le fidéicommissaire avaient pris leurs précautions et avaient formé la stipulation dite *emptæ* et *venditæ hæreditatis*, quand il s'agissait de toute l'hérédité, ou *partis* et *pro parte*, quand elle n'était que partielle. Cette stipulation, empruntée à l'achat ou à la vente pure et simple, consistait en ces mots : *Spondesne*, disait l'héritier au fidéicommissaire, *spondesne me a creditoribus liberandum esse?* Le fidéicommissaire répondait : *Spondeo.* Puis, à son tour, il adressait à l'héritier la stipulation suivante : *Spondesne mihi res successioni debitas reddendas esse? — Spondeo.*

Mais ces stipulations n'offraient à l'héritier qu'une garantie assez fragile, car l'héritier (et ici il est évident qu'on n'entend parler que de l'héritier sien), qui ne pouvait pas se dépouiller de cette qualité (*semel hæres, semper hæres*), restait seul exposé aux poursuites des créanciers, qui ne connaissaient que lui. Il avait bien son recours contre le fidéicommissaire, en vertu de sa stipulation ; mais si celui-ci était insolvable, son recours était illusoire; aussi arrivait-il très-fréquemment que l'héritier, pour ne pas courir ces risques, de payer les créanciers sans pouvoir être remboursé, ne faisait pas adition ; alors testament et fidéicommis croulaient ensemble Il fallut remédier à cet inconvénient.

Vint le sénatus-consulte Trébellien, qui transféra au fidéicommissaire toutes les actions passives et actives de l'hérédité, en telle sorte que le fidéicommissaire venait aux lieu et place de l'héritier.

Mais le *sénatus-consulte Pégasien* voulut que l'héritier ne fût pas complétement dépouillé, et constitua en sa faveur la réserve d'un quart : de là la quarte pégasienne. Mais on conçoit que les stipulations entre l'héritier et le fidéicommissaire, qui avaient disparu avec le sénatus-consulte Trébellien, puisque l'héritier était complétement désintéressé et mis en dehors, durent reparaître avec le sénatus-consulte Pégasien, puisqu'il restait un rapport proportionnel entre l'héritier et le fidéicommissaire.

L'existence de ces deux sénatus-consultes donna naissance à une difficulté : Paul et Modestin pensaient qu'il dépendait de l'héritier d'accepter l'un ou l'autre de ces deux sénatus-consultes ; mais que, du moment qu'il se soumettait à l'un, il ne dépendait plus de lui de revendiquer l'autre; Gaïus, au contraire, prétend que l'option n'appartient pas à l'héritier, mais que la loi réside dans le fait du testateur : si, par exemple, il a laissé plus des trois quarts au fidéicommissaire, son hérédité est régie par le sénatus-consulte Pégasien, et le Trébellien n'est pas applicable. En un mot, dans le premier système, du moment où il y a application d'un sénatus-consulte, il ne peut plus y avoir application de l'autre ; mais l'héritier a le choix : dans le système de Gaïus, il suffit qu'il y ait, d'après le testament, applicabilité de l'un des deux, pour que l'autre soit radicalement inapplicable, et en tous cas inappliqué.

Justinien réunit ces deux dispositions : il permit à l'héritier de cumuler le bénéfice des deux, et il donna à ce mélange le nom de *Trébellien*, parce que c'était le sénatus-consulte Trébellien qui avait autorisé le transfert au fidéicommissaire des actions passives et actives de l'hérédité, et que chez les Romains, cette considération était la plus importante : celle de la *quarte* était tout à fait accessoire.

La *loi Falcidie* a pour but de conserver à l'héritier le quart de l'hérédité : Gaïus la croit rendue dans l'intérêt du testateur; mais tout porte à croire que cette opinion est erronée; car nous voyons qu'à Rome, où les lois étaient si rares, plusieurs furent faites dans l'intérêt de l'héritier nécessaire, entre autres les *lois Furia* et *Voconia;* par la première, il fut défendu de donner plus de mille as à titre de legs ou à cause de mort; la seconde assura toujours à l'héritier une part égale à celle d'un des légataires. Ainsi, ce n'était ni dans l'intérêt du testateur, ni dans celui des héritiers qui pouvaient toujours amener les légataires à composition, en les menaçant de refuser l'hérédité, s'ils ne consentaient pas à leurs prétentions; c'était uniquement dans l'intérêt de certains héritiers nécessaires, c'est-à-dire des enfants.

La *quarte falcidienne* se règle d'après l'état des biens au moment du décès, après déduction des dettes, des esclaves à affranchir, des frais funéraires, etc.... C'est sur l'actif net que se détermine la *quarte*.

L'héritier était tenu d'imputer sur sa *quarte* tout ce qu'il avait reçu directement ou indirectement du testateur, excepté les donations entre-vifs, qui n'étaient soumises à aucune réduction.

L'origine des *codicilles* remonte à l'époque de Lentulus, qui, revenant d'Afrique et se trouvant malade, loin de Rome, écrivit sur ses tablettes (*codicilli*) ses dernières volontés; sa fille, par respect pour sa mémoire, s'imposa l'obligation de les exécuter, malgré la forme insolite dans laquelle elles étaient exprimées. A cette occasion Auguste convoqua les prudents, et Trebatius, l'un d'eux, décida Auguste à les rendre obligatoires.

Dès lors ils furent établis dans l'ordre et avec les distinctions suivantes :

CODICILLES	1° Confirmé par testament...........	1° Legs. 2° Fidéicommis.
	2° Non confirmé par testament, mais cependant le défunt étant mort avec testament..........................	Fidéicommis.
	3° *Ab intestat*........................	Fidéicommis.

Une distinction importante entre le testament et le codicille, c'est que le premier est un acte solennel par lequel on défère toute l'hérédité, tandis que le codicille est un acte non solennel qui ne contient pas institution d'héritier.

LIVRE TROISIÈME.

La loi des Douze Tables constitua la puissance paternelle comme la base et le lien de la famille : c'est sur cette base que repose l'organisation de toute l'hérédité.

Il y avait trois sortes d'héritiers *ab intestat* .

1° Héritiers siens;

2° Agnats;

3° *Gentiles*.

Dans le droit privé on appelait *gentiles*, à Rome (Introduction, p. 14), les individus qui, portant le même nom, descendaient par une souche commune des premiers fondateurs de Rome. Il faut remarquer que les Romains portaient d'ordinaire quatre noms : 1° *prænomen*, c'est-à-dire prénom donné à chacun pour le distinguer dans sa famille; 2° *nomen*, nom de famille; 3° *agnomen*, nom de la *gens ;* 4° *cognomen*, surnom acquis par quelque exploit, comme le surnom d'Africain à Scipion.

Les *gentiles*, dont la position n'est pas bien connue, furent presque immédiatement assimilés aux *cognats* par le préteur, et l'histoire du droit les confond avec ces derniers.

Les *héritiers siens*, dans l'origine, ne comprenaient que les enfants qui, à la mort de leur auteur, se trouvaient sous sa puissance immédiate.

Les *agnats* ne comprenaient que les collatéraux qui, si l'auteur commun vivait encore, se seraient trouvés sous sa puissance.

Les *cognats* comprenaient tous les autres parents en dehors de ces deux classes. Cette dernière classe était donc la plus nombreuse ; mais elle fut réduite peu à peu. Le préteur commença la réforme en décidant que les enfants émancipés, ceux donnés en adoption, mais sortis de la famille adoptive, seraient tirés de cette dernière catégorie pour entrer dans la première. Justinien fit un changement pareil en faveur des adoptés non sortis de la famille de l'adoptant. Enfin, Arcadius et Théodose introduisirent au nombre des héritiers siens les petits-enfants de la fille, sous la condition pourtant que lorsqu'ils concourraient avec des agnats, les trois quarts de la succession leur seraient dévolus, et les deux tiers lorsqu'ils concourraient avec des héritiers siens par représentation de leur mère. A différentes époques, les constitutions des princes diminuèrent l'ordre des cognats pour augmenter celui des agnats, de telle sorte qu'il ne resta plus dans cette première classe que les oncles et tantes.

Le sénatus-consulte Tertullien, que l'on regarde ordinairement comme n'ayant réglé que la succession de la mère aux enfants, a cependant, en fait, réorganisé tout le système des successions.

D'après la loi des Douze Tables, la mère ne succédait jamais à ses enfants, car elle n'en était jamais ni l'héritier sien, ni l'agnate (excepté comme *sororfamilias* de ses enfants, après *conventio in manum*, ou comme agnate de son mari). Le sénatus-consulte Tertullien admit la mère, si, ingénue, elle avait trois enfants, ou affranchie, quatre.

1° Passent avant la mère....	1° Héritiers siens du défunt. 2° Ascendants paternels (d'un émancipé). 3° Frères consanguins.
2° Partagent avec la mère...	Sœurs consanguines.

Le *sénatus-consulte Orphitien* établit la succession des enfants à la mère, mais comme en vertu du sénatus-consulte Tertullien, la mère succède aux enfants, il en résulte que si une femme meurt laissant sa mère et ses enfants, la mère et les enfants, chacun en vertu du sénatus-consulte qui lui est propre viendront à l'hérédité, à moins que la mère ne se trouve elle-même exclue par un frère consanguin : dans ce cas les enfants excluant le frère qui lui-même exclut la mère, les enfants ont toute la succession.

Gratien, Valentinien et Théodose décident que les enfants excluent la mère de la défunte, lors même qu'il n'y aurait pas de frère consanguin.

L'ordre des cognats, successivement diminué par le préteur et les constitutions des princes, finit par ne plus comprendre d'autres collatéraux que les oncles et tantes. La proximité de cognation doit être considérée au moment où il y a lieu de déférer cette possession, c'est-à-dire après l'expiration des délais accordés aux deux premiers ordres, mais au moment où cette possession est demandée.

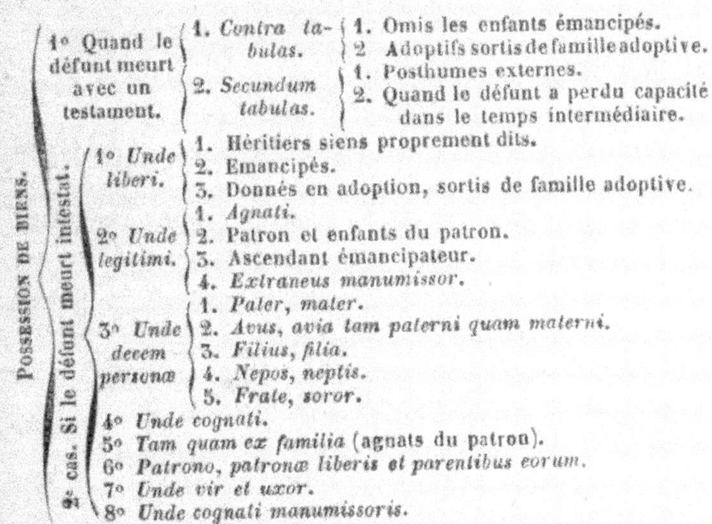

POSSESSION DE BIENS.

- 1° Quand le défunt meurt avec un testament.
  - 1. *Contra tabulas.*
    - 1. Omis les enfants émancipés.
    - 2 Adoptifs sortis de famille adoptive.
  - 2. *Secundum tabulas.*
    - 1. Posthumes externes.
    - 2. Quand le défunt a perdu capacité dans le temps intermédiaire.
- 2e cas. Si le défunt meurt intestat.
  - 1° *Unde liberi.*
    - 1. Héritiers siens proprement dits.
    - 2. Emancipés.
    - 3. Donnés en adoption, sortis de famille adoptive.
  - 2° *Unde legitimi.*
    - 1. *Agnati.*
    - 2. Patron et enfants du patron.
    - 3. Ascendant émancipateur.
    - 4. *Extraneus manumissor.*
  - 3° *Unde decem personæ*
    - 1. *Pater, mater.*
    - 2. *Avus, avia tam paterni quam materni.*
    - 3. *Filius, filia.*
    - 4. *Nepos, neptis.*
    - 5. *Frate, soror.*
  - 4° *Unde cognati.*
  - 5° *Tam quam ex familia* (agnats du patron).
  - 6° *Patrono, patronæ liberis et parentibus eorum.*
  - 7° *Unde vir et uxor.*
  - 8° *Unde cognati manumissoris.*

Distribution de ces huit possessions de biens aux divers cas auxquels elles s'appliquent.

- 1° *Ingénu décédé sui juris.*
  - 1° Sans diminution de tête, c.-à-d., par mort d'ascendants paternels.
    - 1° *Unde liberi.*
    - 2° *Unde legitimi.*
    - 3° *Unde cognati.*
    - 4° *Unde vir et uxor.*
  - 2° Avec diminution de tête, c'est-à-dire, émancipation.
    - 1° *Contracta fiducia.*
      - 1° *Unde liberi.*
      - 2° *Unde legitimi* (ascendant émancipateur).
      - 3° *Unde cognati.*
      - 4° *Unde vir et uxor.*
    - 2° *Non contracta fiducia.*
      - 1° *Unde liberi.*
      - 2° *Unde decem personæ quas extraneo manumissori præfert.*
      - 3° *Unde legitimi* (extraneus manumissor).
      - 4° *Unde cognati* (le reste des cognats).
      - 5° *Unde vir et uxor.*
- 2° Affranchi.........
  - 1° *Unde liberi.*
  - 2° *Unde legitimi* (patron, patrone, enfants du patron).
  - 3° *Tum quem ex familia* (agnats du patron),
  - 4° *Patrono, patronæ, liberis et parentibus eorum.*
  - 5° *Unde vir et uxor.*
  - 6° *Unde cognati* (du patron).

Le mot *obligation* vient de *ligare*, lier.

On divise les obligations en une infinité de modes : civiles et naturelles.

Sous le point de vue de leur source, en *contrats* et *quasi-contrats*, *délits* et *quasi-délits*.

Puis en *civiles* proprement dites et prétoriennes.

Les obligations civiles sont celles établies par la loi et qui produisent des actions.

Les *obligations naturelles* ne donnent qu'une exception, comme la dette de jeu chez nous, mais elles ne donnent pas d'action pour obtenir ce qu'on demande : seulement, quand une fois on a satisfait à la demande formée, on n'a plus aucun moyen de se faire rendre l'objet livré.

Les obligations naissent de quatre sources :

Contrats,

Délits,

Quasi-contrats,

Quasi-délits.

Ulpien donne une autre division qui paraît plus philosophique : les obligations naissent, suivant lui, de trois sources : des contrats, des délits, et de certaines circonstances qui ne sont ni des contrats ni des délits.

1° Un principe général, c'est que les créances ne sont pas transmissibles : on ne peut céder une créance. Nous avons vu que, pour atteindre ce but on est obligé de prendre un détour : le *procurator in rem*.

2° Il ne peut y avoir une obligation entre une personne *sui juris*, et une personne soumise à sa puissance : un esclave ne peut être créancier de son maître.

3° Une personne *alieni juris* ne peut non plus être obligée, car elle ne peut s'engager, et dès lors il faudrait qu'elle engageât le père de famille, qui, d'après le droit civil, n'est jamais obligé pour son fils; seulement, d'après le droit prétorien, résulte une action contre lui.

On acquiert, par les personnes *alieni juris* soumises à notre puissance; quant aux dettes que peuvent contracter les personnes *alieni juris*, il faut distinguer : si c'est un esclave qui s'est engagé, il ne peut pas être lié; si c'est un fils de famille, comme en dehors de sa qualité de fils il est citoyen romain, à la différence de l'esclave qui n'est qu'une chose, le fils est lié, et il sera tenu d'exécuter, ou quand il deviendra *sui juris*, ou dès maintenant sur son pécule.

Le contrat se divise en *conventio*, *pactum*, *contractus*.

Conventio, réunion de deux volontés.

Contrat (étymologie, *contrahere*).

Pactum (*pacisci*, faire la paix, tomber d'accord).

Il y a quatre classes de contrats :

Réels, obligatoires, quand il y a *aliquid datum aut factum*.

Verbaux, obligatoires par l'emploi de certaines paroles solennelles.

Littéraux, obligatoires par l'emploi de certaines écritures spéciales aux Romains.

Consensuels, obligatoires par le seul consentement.

Puis.... { *Pacta nuda,*
Pacta vestita, accompagnés d'une action.

Ces derniers sont un véritable contrat ; mais on a continué à les regarder comme *pactes*, parce que les divisions étaient déjà établies lorsque les pactes se modifièrent, et qu'on ne voulut pas réformer les distinctions admises.

Les contrats sont réels lorsque l'une des parties a fait ou donné quelque chose à l'autre : si vous affranchissez votre esclave, je vous donnerai 10,000 fr.; du moment où vous aurez affranchi votre esclave, vous aurez action contre moi, ou bien j'aurai action pour vous forcer à l'affranchissement, dès que je vous aurai donné 10,000 fr., parce que, dans ces deux cas, il y a eu *aliquid datum aut factum*.

On divise encore les contrats en nommés et innommés.

Les contrats nommés sont :

1° Le *mutuum*, prêt de consommation, sorte d'échange qui transfère la propriété : il s'opère en choses fongibles ;

2° Le *commodat* ressemble au louage, sauf le prix ; il ne transfère pas la propriété ; il a pour objet des choses non fongibles ;

3° *Depositum ;*

4° Gage.

Il y a encore les contrats synallagmatique, unilatéral, synallagmatique imparfait :

Vente,
Louage,
Société,
Mandat, } Contrats synallagmatiques, civils.

Une dernière division est celle-ci :

Contrats à titre gratuit, — à titre onéreux.
» du droit civil, — du droit des gens.
» de droit strict, — de bonne foi.

Voici, au surplus, le tableau de toutes ces classification :

1re DIVISION	1°. Droit civil. 2°. Droit des gens.
2e DIVISION	1°. Contrats réels. 2°. — verbaux. 3°. — littéraux. 4°. — consensuels
3e DIVISION tirée du nombre des liens.	1°. Synallagmatiques. 2°. Synallagmatiques imparfaits. 3°. Unilatéraux.
4e DIVISION de l'esprit qui a guidé les parties.	1°. A titre onéreux. 2°. A titre gratuit.
5e DIVISION de la nature de l'action.	1°. De droit strict. (Les actions sont en général de droit strict : les obligations unilatérales, excepté deux, ont l'action de bonne foi.) 2°. De bonne foi. (Il y a vingt-deux actions de bonne foi, c'est lorsque le contrat est synallagmatique.)

Les actions de bonne foi laissaient au *judex* juré le droit de condamner *ex æquo et bono ;* les actions de droit strict lui imposaient le devoir de condamner à une clause fixe.

Les contrats réels, lorsqu'il y a d'une part *aliquid factum aut datum*, obligent l'autre contractant à faire ou à donner ce qui a été convenu en échange.

Les contrats verbaux se forment par l'emploi de paroles solennelles : ces paroles consistent en une stipulation, qui s'opère par une question, de celui qui veut devenir créancier : *Spondesne ? — Spondeo.* La question et la réponse peuvent se faire dans deux langues différentes, pourvu qu'elles soient comprises des deux parties.

Un principe admis en droit français comme en droit romain, c'est que, dans une obligation conditionnelle, on ne doit pas encore avant l'événement de la condition, tandis que, dans l'obligation à terme, l'obligation existe dès la convention, l'exécution seule en est différée : c'est une erreur. Dans les deux cas, il y a obligation dès l'instant de la convention : la preuve, c'est qu'aucun des contractants ne peut se dégager; il y a entre eux un lien de droit dont l'exécution est différée dans un cas, et, dans l'autre, suspendue et soumise à la réalisation ou à la non-réalisation d'un événement.

Le legs conditionnel ne passe pas aux héritiers du légataire s'il meurt avant l'accomplissement de la condition; le créancier conditionnel, au contraire, transmet ses droits à ses héritiers.

On ne peut promettre ni stipuler pour autrui : le tuteur et le mandataire promettent et stipulent en leur nom, sauf l'action *mandati* ou la *procuratio ad rem.* Cette règle ne subit aucune exception.

On ne peut promettre ni stipuler, même pour ses héritiers. La promesse de payer le lendemain ou la veille de ma mort est nulle : le lendemain, parce que c'est au nom de mes héritiers; la veille, parce qu'on ne connaîtra la veille, que lorsque la mort sera arrivée.

Par application de ce principe qu'on retrouve en droit français (art. 1119 et suivants du Code civil), il serait assez singulier que l'on vînt attaquer un acte notarié qui promettrait, par exemple, pour le lendemain, ou quelques jours après ma mort, le payement d'une somme empruntée par moi, ou tout autre engagement qui serait réalisable après que j'aurais cessé de vivre.

Mais cette clause, payable ou remboursable à *ma mort*, est valable, parce que, disent les jurisconsultes, la mort est le dernier acte de la vie, et que, pour mourir, il faut être vivant.

Ce qui motive les stipulations, c'est qu'à Rome on n'était pas, comme chez nous, responsable des dommages causés par son fait; il fallait, pour obtenir cette réparation, une action directe qu'on ne trouvait pas de plein droit dans la loi. En droit français, on n'a à craindre que l'insolvabilité du débiteur ; de là un seul genre de précaution : hypothèque, caution, etc., qui ne garantissent que la solvabilité. A Rome on avait deux choses à craindre : l'insolvabilité et le défaut d'action contre le débiteur.

Fide jussor, *fide promissor*, *fide sponsor*, sont trois sortes de dénomination qui se ressemblent, mais diffèrent cependant d'une manière assez notable dans leurs effets : le *fide sponsor* et le *fide promissor* ont une telle analogie qu'ils se confondent dans la même acception ; mais le *fide jussor* se trouve dans une position différente.

Le *fide jussor* doit à lui seul la totalité de l'obligation, quand même il y aurait plusieurs *fide jussores*, il est tenu *in solidum ;* ses obligations, en outre, passent à ses héritiers. Le *fide promissor*, au contraire, ou *fide sponsor*, est délivré de son obligation au bout de deux ans, ou par la mort de l'obligé principal ; le cautionnement se partage entre chacun, s'ils sont plusieurs.

Les quatre contrats consensuels sont : la vente, le louage, la société et le mandat. On sait qu'on les appelle consensuels, parce que le consentement seul suffit pour les former : non pas que tous les autres contrats ne soient aussi consensuels, mais le consentement seul ne suffit pas comme pour ces quatre. Lorsque certains pactes devinrent obligatoires, nous avons déjà fait observer qu'ils étaient de véritables contrats consensuels ; mais qu'on ne les avait pas rangés dans cette classe, parce que les divisions étaient faites et qu'on n'avait pas voulu les modifier.

En droit français, tous les contrats sont obligatoires, *solo consensu ;* mais la distinction établie en droit romain avait de nombreuses conséquences.

Même dans les contrats consensuels, à quel instant le consentement était-il présumé exister ? Dans une vente, par exemple, avant de convenir des conditions, il y a des pourparlers, des propositions ; à quel moment sort-on des préliminaires pour entrer dans la réalité du contrat ? On imagina, pour le déterminer, les arrhes, qui constatent l'accord définitif sur la chose et le prix (*signum contractæ venditionis*). Les arrhes, dans l'ancien droit, ne donnaient pas la faculté de se désister du contrat, mais au contraire lui conféraient force obligatoire. Dans l'ancien droit, il n'y avait qu'une seule espèce de vente, celle qui se formait par le consentement. Sous Justinien, il s'en établit deux, celle qui se formait par le consentement seul comme l'ancienne, et celle qui devait être contatée par écrit : celle-ci n'était obligatoire que du moment où l'écrit avait été rédigé. Dans la première, les arrhes étaient perdues pour celui qui les avait données, ou devaient être rendues doubles par celui qui les avait reçues, si la vente ne s'opérait pas; mais alors, comme la vente était accomplie par le seul consentement, la perte des arrhes pour l'une ou l'autre des contractants amenait une véritable résiliation du contrat consommé; dans la vente par écrit, comme elle n'est complète que par l'écriture, la perte des arrhes empêchait l'accomplissement d'un acte incomplet. Sous Justinien, comme on le voit, les arrhes prirent le caractère d'un véritable dédit.

Le mandat, le dernier des contrats consensuels, est complet par l'acceptation du mandataire : si ce consentement n'existe pas, c'est une simple procuration.

Il y a deux modes d'extinction des obligations : l'extinction *ipso jure* de l'obligation, et les exceptions qui ne détruisent pas l'obligation même, mais refusent les moyens d'en obtenir l'exécution.

Il y a quatre modes d'extinction *ipso jure :*

1° Le payement,... *solutio*, c'est-à-dire l'exécution spécifique de l'obligation;

2° La novation;

3° L'acceptation;

4° Le mutuel dissentiment.

La *novation*, c'est l'extinction d'une première obligation par la substitution d'une nouvelle. Elle s'opère de trois manières : 1° changement dans le créancier; 2° changement dans le débiteur; 3° changement dans la chose due. —Elle a lieu au moyen de la stipulation.

Elle s'effectue par le consentement des parties et par la *litis contestatio.*

L'*acceptilation*, c'est la déclaration qu'on a reçu la chose due. Les obligations se dissolvent par les moyens mêmes qui les opèrent : *Quod tibi debeo, acceptumne habes ? — Acceptum habeo.* Comme on le voit, une stipulation avait créé l'obligation, une stipulation l'éteint. L'acceptilation du reste ne s'applique qu'aux stipulations.

Mais l'acceptilation aquilienne transforma toutes les obligations en obligations verbales, et rendit dès lors applicable à toutes l'acceptilation.

Mutuel dissentiment. — Les obligations se contractant par le consentement, le consentement contraire doit détruire le contrat existant; *res dissolvi debent iisdem modis quibus contractæ sunt.* De sorte que le mutuel dissentiment s'applique aux contrats consensuels.

LIVRE QUATRIÈME.

En droit français, on appelle *délit* le tort volontairement causé, et quasi-délit le tort involontairement causé à autrui.

En droit romain, on ne fait pas cette distinction s'il y a intention ou non. On compte quatre délits pour le droit privé, sans parler de l'action criminelle :

1° Le vol ;

2° La rapine ;

3° Le *damnum legis Aquiliæ ;*

4° L'injure.

L'*action*, en droit français, c'est le procès même intenté par toute personne et pour toute chose ; en droit romain, c'est la permission accordée par le préteur de former une demande judiciaire ; ou, en d'autres termes, c'est le droit de poursuivre *in judicio* ce qui nous est dû.

Pour engager l'action, il y avait une formalité préalable : la *vocatio in jus ;* ce n'était pas une assignation donnée par un huissier, ou tout autre officier public, au domicile du défendeur, parce qu'il n'y avait pas d'huissier à Rome, et parce que le domicile était inviolable ; mais c'était dans la rue ou à tout autre rencontre que le demandeur entraînait son adversaire, le prenant, en cas de besoin, au collet, devant le préteur ; c'était un moyen brutal, mais auquel il n'était pas permis de se soustraire.

Le préteur alors rendait une décision, par laquelle les parties étaient renvoyées devant le *judex* ou juré, pour par lui être statué sur le procès, et être appliquée la peine prévue par le préteur dans les actions de droit strict, et jugée convenable par le *judex* dans celles qui étaient abandonnées à son appréciation. (*Introduction*, p. 7.)

La *formule* rendue par le préteur contenait quatre parties :

1° La *demonstratio ;*
2° L'*intentio ;*
L'une ou l'autre {
3° La *condemnatio ;*
4° L'*adjudicatio*, dans les trois cas seulement des actions *finium regundorum*, *familiæ erciscundæ*, *communi dividundo*.
}

La *demonstratio*, c'est l'explication du fait donnant lieu à l'action.

L'*intentio*, comprend les conclusions du demandeur.

La *condemnatio*, c'est l'attribution du droit faite au demandeur par le préteur, dans le cas où la demande est fondée.

Le préteur, en général, assignait le surlendemain pour paraître devant le *judex :* de là vint le nom de *comperendinatio* (de *perendie*, après-demain) ; et, quoiqu'il indiquât quelquefois un autre jour, l'assignation à comparaître n'en conserva pas moins sa dénomination. Dans les citations à jours plus éloignés, le défendeur devait donner une caution (*vadem*).

On doit distinguer trois époques dans l'historique des actions :

Les *actions de la loi*, ainsi nommées, soit parce qu'elles étaient déterminées par la loi, et à cette époque reculée (c'était dans l'origine) les édits des préteurs, qui introduisirent beaucoup d'actions, n'étaient pas encore en usage, soit parce qu'elles étaient en quelque sorte inhérentes aux paroles sacramentelles de la loi. Et comme les patriciens seuls connaissaient ces formes indispensables, il s'ensuivait que les plébéiens étaient obligés de recourir à ceux-ci, sans quoi l'oubli de ces formes détruisait l'action.

Le seconde époque fut celle où, pour remédier à cet inconvénient, le préteur rendait une formule sur la simple déclaration d'une partie, en présence des deux, et lorsqu'il trouvait l'action fondée : cette formule, dont nous avons énoncé le contenu, traçait au *judex* la peine à infliger dans les actions de droit strict, et l'abandonnait à son équité dans les actions de bonne foi.

Plus tard, et c'est ce qui forme la troisième époque, le préteur fut à la fois juge préalable de la validité de l'action et du fonds même de la demande : les deux degrés réunis en un seul se confondirent dans sa main. Mais cependant un reste de l'ancienne distinction survécut : dans les anciennes questions de droit strict, il appliquait rigoureusement la loi qui les régissait alors, et prononçait *ex æquo et bono* dans celles de bonne foi.

On appelait *interdit* une sorte de jugement provisoire que le préteur rendait avant faire droit : les interdits avaient quelque analogie avec nos ordonnances de référé.

Une distinction importante et bien mal établie dans les auteurs, c'est celle des *actions réelles* et des *actions personnelles :*

Il y a action personnelle, quand j'attaque quelqu'un qui me doit quelque chose ; il y a action réelle, quand j'attaque quelqu'un sans qu'il soit obligé envers moi.

Dans l'action réelle, l'*intentio* ne contient pas le nom du défendeur ; il s'y trouve au contraire pour l'action personnelle.

Quant à la *condemnatio*, elle renferme toujours ce nom : aussi pourrait-on dire, avec quelque raison, que la *condemnatio* est toujours personnelle.

Des deux définitions ci-dessus il résulte que jamais l'action personnelle et l'action réelle ne peuvent être réunies, puisqu'il est impossible que quelqu'un soit obligé et ne le soit pas envers la même personne, ou qu'il soit nommé, et ne le soit pas dans l'*intentio :* aussi est-ce un non-sens dans les auteurs que cette explication des *actions mixtes*, que ce sont tout à la fois des actions réelles et des actions personnelles, ce qui est impossible ; mais il est vrai de dire que les actions mixtes sont celles où le demandeur est à la fois défendeur et réciproquement : ainsi, dans les trois actions *finium regundorum*, *familiæ erciscundæ*, *communi dividundo*, il y a lieu à l'*adjudicatio* et non à *condemnatio* ; eh bien, il arrive quelquefois, dans ces trois actions, que le juge, au lieu d'absoudre purement et simplement le défendeur, si le demandeur a tort, comme cela arrive dans toutes les actions, lui adjuge par exemple la totalité d'un immeuble en le condamnant à une soulte envers le demandeur ; on voit qu'alors il y a tout à la fois rôle de demandeur et de défendeur : c'est une action mixte.

On distingue les *actions réelles civiles* des *actions réelles prétoriennes*.

Trois actions réelles civiles.	En revendication. Confessoire. Négatoire.
Cinq prétoriennes........	Publicienne. Contre-publicienne. Paulienne. Servienne. Quasi-servienne.

Nous connaissons l'action en *revendication*.

Quant à l'*action confessoire*, c'est celle par laquelle j'affirme qu'une servitude m'appartient à moi ou à mon fonds ; je déclare le fonds voisin servant.

L'*action négatoire* est celle par laquelle j'affirme qu'une servitude n'est pas due par mon fonds ; je déclare mon fonds libre.

L'*action publicienne* est une revendication fictive ; elle protége ceux qui sont en train d'usucaper : elle est parallèle à l'usucapion. On sait, en effet, qu'on ne pouvait revendiquer que les choses sur lesquelles on avait le domaine quiritaire, ou bien, si on avait omis quelque formalité, on n'avait que le domaine *in bonis*, et on ne pouvait pas revendiquer, à moins que l'on eût possédé assez de temps pour usucaper, c'est-à-dire un an pour les meubles, deux ans pour les immeubles ; mais le préteur trouva qu'il était trop dur que le possesseur bonitaire, malgré la défectuosité de son titre et la brièveté de temps, obstacle à l'usucapion, fût privé du droit de revendiquer un objet qui lui appartiendrait d'une manière incomplète, il est vrai, mais enfin digne de quelques égards : c'est alors qu'il lui donna l'action publicienne, par laquelle il pouvait faire une revendication fictive pour rentrer en possession de l'objet qui lui était enlevé.

La *contre-publicienne* se donne au propriétaire présent contre l'usucapant absent ; elle protége ceux contre lesquels un absent est en train d'usucaper, pourvu qu'ils intentent l'action dans l'année du retour de l'absent. Voici l'origine de cette action : à Rome on ne connaissait pas les condamnations par défaut ; de sorte que si un individu avait commencé à usucaper, et qu'il partît, fût-ce le lendemain du commencement de son usucapion, et qu'il restât absent toute la durée nécessaire à l'usucapion, il n'y avait aucun moyen, pour le véritable propriétaire présent, de s'opposer à cette usucapion : le préteur vint encore ici au secours de ce propriétaire, auquel il conféra le droit de s'opposer à l'usucapion, quelque longue qu'eût été l'absence du prétendu usucapant, pourvu qu'il intentât son action dans l'année du retour de celui ci.

L'*action paulienne* fut donnée pour protéger les créanciers, quand leur débiteur faisait aliénation en fraude de leurs droits : c'est le droit qui leur fut accordé de saisir le bien de leur débiteur, dans les mains de celui à qui il l'avait vendu.

La *servienne* et la *quasi-servienne*, c'est notre action hypothécaire. Dans l'origine, la vente à réméré était le moyen d'emprunt ; il fallait livrer la chose au moyen de laquelle on empruntait, sauf à la reprendre, quand on rendait la somme empruntée ; on reconnut l'embarras de ce mode d'emprunt, et l'on en vint à emprunter sans faire livraison de la chose qui servait de gage à l'emprunt : telle est l'origine de l'hypothèque qui vint faciliter le prêt sans la tradition. L'action servienne est le mode particulier du propriétaire au fermier ; la quasi-servienne, au contraire, est le principe général.

A Rome, il n'y avait pas une monnaie courante ; chaque empereur faisait frapper une plus ou moins grande quantité de médailles à son effigie ; mais ces médailles ne représentaient pas une somme fixe, ayant cours certain ; dès lors, on conçoit que les payements étaient quelquefois difficiles : de là s'introduisit l'usage de payer par l'intermédiaire d'un mandataire nommé *argentarius*, lequel, connaissant la valeur des monnaies, était chargé par le créancier de recevoir de son débiteur telle somme. Comme on se rappelle qu'à Rome, on ne pouvait ni promettre ni stipuler pour autrui, la conséquence eût été que l'*argentarius*, une fois nanti de l'argent reçu, aurait pu le garder, sans que le véritable créancier eût action contre lui ; mais, outre qu'il y avait l'action de mandat, on introduisit l'action *receptis*, qui constituait l'*argentarius* débiteur, par le seul consentement qui lui avait été donné de recevoir pour autrui. Voilà ce qui concerne l'*argentarius*.

Mais si un tiers, qui n'avait pas ce caractère, recevait pour un autre, dans l'origine, ce tiers ne pouvait s'engager pour autrui par le seul consentement et autrement que par une stipulation ; mais le préteur assimila ce tiers à l'*argentarius* et donna l'*action de constitut* contre lui.

L'action de constitut se donna aussi contre tous ceux qui stipulaient pour eux ou pour autrui. Mais comment donnait-on une action particulière contre le stipulant qui avait l'action *de stipulatu ?* Probablement cette action particulière consistait, en ce que le stipulant pour soi était obligé de livrer les espèces convenues dans la stipulation, au lieu de n'être obligé que pour la somme même stipulée : tel était vraisemblablement le but de l'action de constitut dans ce cas.

Après l'action *receptis* et de constitut vient l'*action de ser-*

ment : le juge n'avait qu'à examiner si le serment avait en effet été déféré et prêté, sans rechercher s'il était conforme ou non à la vérité.

L'*action de albo corrupto* était l'action relative aux altérations qui pouvaient être commises sur l'album du préteur, espèce de registre sur lequel il inscrivait ses édits.

La *condiction furtive* était l'action donnée au propriétaire, lorsque, par suite du vol qui lui aurait été fait de sa chose, et après avoir fait condamner le voleur et ses complices au double ou au quadruple de la valeur de la chose volée, il avait encore le droit de revendiquer sa chose dans quelques mains qu'elle se trouvât : s'il ne pouvait la découvrir, il revenait au voleur, et le sommait ou de la lui rendre ou de lui en payer la valeur représentative, sans préjudice du quadruple, par exemple, qu'il avait pu en toucher dans le cas de vol *manifesti ;* de sorte que, dans cette circonstance, il pouvait en avoir reçu cinq fois la valeur. Cette dernière action était la condiction furtive.

Dans ces différentes occasions on touche plus que ce qui est rigoureusement et véritablement dû ; il y en a d'autres où l'on touche moins : c'est l'*action de compétence*.

Les *actions quod jussu* se délivrent contre le maître ou le père de famille, qui a donné l'ordre spécial de contracter telle dette avec tel individu.

Les *actions exercitoire*, *institoire* (*institor*, esclave qui fait le commerce), concernent les obligations contractées par leur ordre tacite (exercitoire vient d'*exercitor*, qui tire profit du navire, au lieu que *magister navis* est celui qui conduit le navire). Voilà pour le cas où l'esclave a contracté du consentement de son maître, et alors les actions sont *in solidum*. — Mais si l'engagement a été contracté sans que le maître le sache, il y a *action non in solidum*, il y a action *de peculio*, ou *de in rem verso*, c'est-à-dire qu'on commence par voir combien la dette a tourné au profit du maître ; et, pour le reste, on agit sur le pécule de l'esclave, sauf ce qui peut être dû sur ce pécule au maître ou à ceux qui sont soumis à sa puissance.

L'action tributoire est donnée aux créanciers contre le maître chargé de la distribution, dans le cas où l'esclave fait un commerce ; mais les créanciers n'ont dans ce cas d'action que sur les biens composant le commerce, et le maître ne vient qu'au marc le franc.

L'action noxale, comme nous l'avons vu, consiste dans l'abandon de l'esclave, *sequitur caput :* elle s'applique au maître actuel de l'esclave. Ainsi l'esclave de Titius m'a causé tel dommage : Titius le vend à Sempronius, postérieurement au dommage causé : c'est Sempronius qui supportera l'action noxale, sauf son recours en garantie contre son vendeur.

L'abandon noxal des enfants fut regardé comme contraire à la pudeur, et fut supprimé par Constantin pour les filles, et par Justinien pour les fils.

Per quos agere possumus.

Il y avait deux mandataires dans les procès :

1° *Cognitor*, lequel se constituait par l'accomplissement de trois conditions : paroles solennelles ; présence de l'adversaire ; présence du magistrat.

2° *Procurator*, sorte de représentant moins intime, sauf que, dans le cas où le *procurator* donne la caution *de rato*, il y a alors engagement complet.

Le *procurator* était institué sans aucune forme ; Justinien supprima les *cognitores*, et ne conserva que les *procuratores*.

Les *actions civiles* sont perpétuelles, les *prétoriennes* sont temporaires. Cependant les empereurs établirent la prescription, même pour les actions civiles.

Les actions prétoriennes duraient un an, sans doute par analogie avec la durée de l'exercice du préteur.

Sous Justinien, les actions perpétuelles étaient les actions de longue prescription, et les actions temporaires, celles de la prescription d'un an.

Les exceptions sont un moyen de repousser une action, valable en droit civil.

Les *exceptions* sont *in factum*, ou *non in factum* ou *in jus*, dénomination arbitraire. — *In factum*, lorsque le défendeur s'oppose à un fait caractérisé. Dans les autres exceptions, qui sont presque toutes de *dolo malo*, il reste au *judex* à demander au défendeur sur quel fait repose l'exception *de dolo*. Dans le premier cas, le *judex* est donc lié par l'énonciation du fait articulé dans la formule, si le fait allégué est prouvé devant lui ; dans le second cas, celui de l'exception *de dolo*, le *judex* doit demander quel fait motive la prétention de dol, et si ce fait constitue un dol.

L'avantage pour le défendeur de l'exception générale, *de dolo*, c'est qu'il peut, devant le *judex*, apporter l'énonciation de tous les faits qu'il croira propres à constituer le dol ; mais le désavantage, c'est que le *judex* est maître de ne pas admettre ces faits comme constitutifs de dol.

L'avantage de l'exception *in factum*, c'est que le défendeur n'a plus, devant le *judex*, qu'à prouver ce fait, et dans le cas de preuve, le *judex* est obligé de l'absoudre ; mais le désavantage, c'est qu'il ne peut plus, devant le *judex*, alléguer aucun autre fait.

L'exception *in factum* repose donc sur un fait déterminé qui engage le *judex* sans qu'il puisse apprécier le caractère du fait : il ne peut que juger si le fait posé par le préteur est prouvé ou non, et dès lors, condamner ou absoudre aux termes mêmes de la formule.

Les *exceptions* se divisent en *péremptoires* ou *perpétuelles*, et *temporaires* ou *dilatoires*.

On avait établi des peines contre le plaideur téméraire ou frauduleux : il y avait des peines contre le demandeur, d'autres contre le défendeur, d'autres communes aux deux.

Peines contre le demandeur...	Plus-pétition. Action *calomniæ* (*calomnia* ne signifie pas calomnie, mais procès injustement intenté et donnant naissance à des dommages et intérêts.
Peines contre le défendeur....	Infamie { contre certains défendeurs. contre les dépositaires.
Peines communes au demandeur et au défendeur..........	Accroissement au double ou quadruple. *Sacramentum*, espèce de provocation. Vous prétendez que je vous dois 10,000 fr. : eh bien, je parie 5,000 fr. que je ne vous dois pas 10,000 fr.—Ce mode sous certain rapport, était bon, mais mauvais sous d'autres : car il donnait un grand avantage à l'homme riche.

Le devoir du juge est bien simple dans toutes les actions, c'est de juger d'après la formule. Sous Justinien, il devait juger conformément aux lois, parce que le *judex* et le préteur étaient confondus.

Interdits.

Les interdits (*inter duos dictum*) sont des espèces de décisions provisoires : ils s'appliquent presque toujours au possessoire; ainsi vous obstruez la rue par des constructions, et peut-être au fond vous en avez le droit; mais, provisoirement, le préteur vous ordonnera de débarrasser la voie publique. L'interdit n'est pas une action, il peut seulement donner lieu à une action.

Il y a différents interdits : *interdits prohibitifs, exhibitoires* et *restitutoires*.

On les distingue en interdits *publics* et *privés* : publics, s'ils concernent par exemple une sépulture, etc. ; privés, s'ils concernent des particuliers.

Il y a les interdits *retinendæ, recuperandæ* ou *adipiscendæ possessionis*.

Il y a les interdits *doubles* ou *simples*.

Un édit (l'*édit Salvien*) forme une matière analogue à la saisie-gagerie du propriétaire sur les meubles de son fermier, et jette le plus grand jour sur cette matière : un traité sur ce sujet serait un grand service, et emprunterait à l'édit susénoncé, avec le plus grand avantage, des exemples et des aperçus nombreux.

Les interdits doubles, ainsi nommés parce qu'on est à la fois demandeur, quoique l'un des deux soit défendeur (*quia duplex actor est*), sont les deux interdits, *uti possidetis* et *utrubi*.

Parmi les divers interdits, il y avait l'interdit *unde vi* et l'interdit *quod clam*; l'interdit *unde vi* avait pour but d'empêcher avant toute chose qu'on se fît jamais justice à soi-même. Ainsi je possède un objet qui vous appartient; vous me l'arrachez de force : je vous forcerai par l'interdit *unde vi* à me remettre préalablement en possession, sauf à vous faire postérieurement déclarer propriétaire réel, et, après que vous aurez obtenu la constatation de votre droit, vous pourrez alors vous faire rendre l'objet indûment possédé par moi ; souvent même avec des dommages intérêts, selon les circonstances.

Tableau de l'action et des exceptions.

Actio..... { Scipio judex esto.
Si paret Titium dare oportere Mævio decem millia.
Condemna Titium (1).
Si non paret, absolve.

Exception. (1) Nisi vi coactus Titius promiserit; *quo casu absolve* (2).
Réplique.. (2) Nisi postea Titius ratum habuerit; *quo casu condemna* (3).
Duplique.. (3) Nisi Titius dolo Mævii ratum habuerit; *quo casu absolve* (4).
Triplique. (4) Etc.............

Noms et objet de certaines lois principales.

Loi Regia, qui conférait aux empereurs, pendant leur règne, le droit absolu de faire des lois.

Affranchissements. {

Loi Ælia Sentia (an 755), pour restreindre les affranchissements et les droits des affranchis.

Loi Fusia ou Furia Caninia (an 761), modérait le nombre d'affranchissements, dans la proportion des esclaves possédés par celui qui conférait la liberté.

Loi Junia Norbana (an 772, sous Tibère), établissait un état mitoyen entre la liberté et l'esclavage : *cives romani, latini juniani, dedilices*.

Loi Papia Poppœa (762, sous Auguste), pour encourager le mariage et purifier les mœurs, accorda des priviléges aux gens mariés, au préjudice des célibataires et mariés sans enfants (*cœlices et orbi*).

Caution Mucienne, donnée par le légataire à qui le testateur a laissé, *si quid non faciat*.

Sénatus-consulte Néronien, donne à tous les legs même valeur que s'ils étaient faits *per damnationem*.

Sénatus-consulte Trébellien, transfère toute l'hérédité fidéicommissaire et dégage l'héritier de tous risques.

Sénatus-consulte Pégasien, conserve à l'héritier un quart de la succession. Il introduit dans les fidéicommis la quarte falcidie.

Lois testamentaires...
- Loi Furia, défend de donner plus de 1,000 as par legs ou donations à cause de mort.
- Loi Voconia, défend de laisser à aucun légataire plus qu'à l'héritier.
- Loi Falcidie, conserve à l'héritier un quart de l'hérédité.

Sénatus-consulte Tertullien, admet la mère à la succession de ses enfants, si ingénue elle en a trois; si affranchie, quatre.

Sénatus-consulte Orphitien, établit la succession des enfants à la mère.

LIVRE CINQUIÈME.

RÉCAPITULATION.

§ Ier. (1) *Divisions établies par les jurisconsultes romains, entre les choses ou les services qui pouvaient être l'objet des droits et des devoirs.*

On ne s'occupe des personnes que pour les droits qu'elles ont, des choses que pour voir celles sur lesquelles les personnes ont des droits, des actions que comme moyens qui tendent à forcer les adversaires qui se sont mis en opposition avec nos droits, à remplir les obligations que la loi leur impose.

Les divisions doivent être fondées sur les différences parmi les droits; d'où il suit que chaque division doit traiter d'une espèce de droits et de devoirs. Jusqu'ici nous avons déjà parcouru quelques considérations générales : ces considérations ne sont pas, à proprement parler, l'étude de la science du droit, mais elle mènent à cette étude. Ainsi le premier livre des *Institutes* est comme une introduction à l'étude des *Institutes :* en considérant d'abord la différence des personnes, nous voyons que ces personnes doivent avoir des droits et des devoirs différents; par exemple, quand nous avons vu qu'il y

(1) Paragraphe correspondant au livre 2, titre Ier, section 2e, des *Institutes*.

a des majeurs et des mineurs, nous n'avons pas vu quelle était la condition des majeurs et des mineurs; nous avons seulement vu qu'il doit y avoir de la différence entre ces deux conditions, et ce sera étudier le droit que d'étudier cette différence.

Le mot *chose* s'emploie comme l'expression de tout ce qui peut être l'objet d'un droit : il signifie non-seulement des objets réels comme des terres, etc., mais encore des services que les hommes se rendent mutuellement. Les choses corporelles, telles que les terres, ne seront pas définies comme en physique, en chimie, en histoire naturelle, mais 1° comme susceptibles de propriété privée, celles dont on conçoit qu'un particulier puisse avoir la propriété personnelle et exclusive, aidé par le secours de ses semblables. Nous ne nous regardons comme propriétaires que quand nous avons la certitude que la chose dont nous jouissons nous appartiendra toujours; voilà l'avantage de la société; car, supposons un État où la force seule assurerait la possession : le plus fort a une propriété qu'il possède sans trouble, parce qu'il est supérieur aux autres en force; mais il est blessé, il est malade, dès lors plus de droits à la propriété : il est dépouillé. Le bienfait de la société, au contraire, est d'assurer à la faiblesse la tranquillité et le respect de ses droits. Mais il est impossible à la société de donner certaines propriétés, celle de la mer, de l'eau courante, etc.; on ne conçoit pas même ces objets dans la possession d'un individu, aussi est-ce ce que les Romains appelaient choses communes (*res communes*); mais on concevrait jusqu'à un certain point qu'un individu pût avoir la jouissance d'un port, d'une rivière. Cependant on sent en même temps tout ce qu'un semblable monopole aurait de contraire à l'intérêt commun; c'est pour cela qu'on a coutume de mettre sur le même rang que les choses communes, ces choses qui y tiennent de si près. Comme ce même intérêt commun, qui refuse la possession privée, réclame le service public de ces mêmes choses, elles ont été soustraites à la puissance privée; ce sont les routes, les rivières qui sont, pour ainsi dire, des routes naturelles. Il y a cette différence entre les rivières et les routes de terre, que les premières sont invariablement dévouées au service public, tandis que les secondes ne sont publiques que par la destination qu'on leur a donnée, et qu'elles pourraient tout aussi bien avoir été et devenir des terres labourables. (Précédemment, pag. 83 et suiv.)

Les mers sont encore bien plus du domaine public : non-seulement elles ne peuvent pas être l'objet d'une possession privée, mais on ne conçoit même pas qu'elles soient la possession d'une seule nation : on comprend néanmoins, qu'un fleuve qui traverse un pays, appartienne au peuple qui habite ce pays, car, admettre tous les peuples à avoir la jouissance commune, ce serait exposer celui dans le sein duquel on pourrait ainsi pénétrer, aux plus grands dangers d'invasion, s'il ne devait voir d'attaque que du moment où des flottes d'ennemis, parvenues dans le cœur de ce pays, mettraient pied à terre et seraient ainsi les maîtres de son sort.

Ce même principe de propriété nationale s'applique aux rivages, jusque vers une certaine étendue même dans la mer, par exemple, une ou deux portées de canon; il ne faut donc pas prendre trop à la lettre les *Institutes*, lorsque nous y voyons que la mer est *res communis*. De là nous voyons que les choses sont susceptibles ou non de propriété; la mer est *naturali jure communis;* plus loin nous voyons cette autre expression : *publicus usus;* la signification de *communis* et *publicus* n'est donc pas bien déterminée.

Nous voyons une autre division assez bizarre, c'est celle de *res divini juris*, appelé aussi *res nullius;* elle se divisait elle-même en trois parties : *res sacræ*, *res religiosæ*, *res sanctæ*. Par *res sacræ* on entendait le terrain, les objets destinés aux usages du culte. D'autres donnent cette distinction : *res sacræ*, choses consacrés aux dieux suprêmes, *diis superis*, et *reli-*

giosæ, aux dieux mânes, *diis manibus*. Avec le christianisme dut nécessairement disparaître cette distinction polydéiste; aussi trouvons-nous dans Justinien : *sacræ sunt quæ colendo deo sacrantur ; religiosæ res sunt quando positus est mortuus in locum suum*.

Res sanctæ. On qualifiait de *sanctæ* les murailles, parce qu'on avait prononcé une peine capitale contre ceux qui les franchiraient. C'est même une qualification assez singulière, car pourquoi des murs sont-ils *saints* par cela que la loi défend de les passer? Cependant, à l'aide d'une autre interprétation, ou plutôt d'une autre traduction, la singularité de cette expression pourrait disparaître; si, par exemple, le mot *saint* n'est pas la traduction du mot *sanctus*, et que ce soit là en effet la cause de ce qu'il paraît étrange de nommer des murs *sancti*; si *sanctus* vient de *sancire*, sanctifié par la loi, rendu inviolable par la loi, dès lors, plus rien de bizarre dans cette expression de *muri sancti*.

Si nous passons aux choses qui ne sont ni communes, ni consacrées au culte divin, nous verrons deux classes : celles qui sont propriétés privées, et celles qui ne le sont pas, mais peuvent l'être. Les premières se nomment *res singulorum*, les deuxièmes, *res nullius humani juris*, par opposition à *res nullius divini juris*. Il y a des choses demi-publiques : ce sont celles qui n'appartiennent pas à la nation, mais à une petite corporation de la nation, comme les communes; c'est ce que les Romains appelaient *res universitatis* : par exemple, les spectacles (qui n'étaient point, comme chez nous, la propriété d'un entrepreneur, mais dont les frais étaient faits par l'État, par les magistrats), les promenades, les bains (qui étaient, comme les spectacles, ouverts à tout le monde), tout cela était propriété publique; il fallait pourtant être membre de la cité (*civitatis*) pour en jouir.

La deuxième espèce de biens appartenant aux cités sont les terrains ou bâtiments qu'elles possèdent comme des particuliers peuvent les posséder : cette espèce de biens est régie, en général, par les mêmes principes que la propriété privée.

C'est cette espèce de bâtardise, pour ainsi dire, des choses demi-publiques qui les a fait confondre, tantôt avec le droit public, tantôt avec le droit privé : tandis que *res universitatis* doit être distinct de *res communes* et *res privati juris* ou *res singulorum*.

Les choses privées se divisent en *res singulorum* et *res nullius humani juris* : comment les *res nullius humani juris* peuvent-elles devenir *res singulorum* ; en un mot, comment peut-on acquérir la possession des *res nullius ?* Par plusieurs moyens, entre autres par l'occupation (*occupatio*). Les choses privées se divisent encore en *meubles* et *immeubles*. Une autre division est celle en choses *fongibles* et choses *non fongibles*.

Quant aux choses publiques, il y avait des édifices publics, des palais où se rendait la justice, qui appartenaient à l'État ; et cependant on ne pouvait pas dire que l'usage en fût public, car personne autre que les sénateurs n'avait la jouissance du sénat : c'était donc encore un ordre de choses publiques.

Quant aux choses demi-publiques, on distinguait trois espèces : la première se rapporte aux choses communes, les bains, théâtres, destinés à tous les bourgeois de la ville, et dont la nue propriété appartenait à l'État ; la deuxième ressemblait à une certaine classe de choses publiques, comme le palais du sénat ; la troisième se composait des choses dont les corporations jouissaient comme de simples particuliers.

Les choses privées sont de deux espèces, ainsi que nous l'avons déjà vu : ou elles appartiennent, ou elles n'appartiennent pas, mais peuvent appartenir à des particuliers : dans ce dernier cas, elles sont sans maîtres et sont sujettes à l'occupation. Nous verrons, lorsque nous traiterons de cette manière d'acquérir cette espèce de choses ; quant à présent, ne nous occupons que des choses p.ivées, possédées.

On les divise en *res mancipi* et *res nec mancipi*. On a discuté sur la détermination des choses qui appartenaient, soit à la première, soit à la seconde classe. Il y a tout lieu de croire que les choses *mancipi*, qui déterminaient de quelle manière le droit de suffrages serait accordé, correspondait assez à notre cens électoral par lequel nous avions, à tel degré de revenus, droit de vote dans un petit collége, à tel autre, dans un grand collége, à tel autre, droit d'éligibilité : de même, chez les Romains, il y avait des divisions en centuries, et dans la dernière étaient relégués ceux qu'on appelait *prolétaires*.

Posséder des esclaves, des terres dans l'Italie, donnait le titre de *mancipi* et avec lui le droit de suffrages. Comme c'était une possession importante que celle à titre de *mancipi*, on détermina les manières de l'acquérir : d'abord par la *mancipation*, d'où vient même probablement le nom *mancipi*. Il y avait encore d'autres manières de l'acquérir. Pour être porté au nombre des ayants droit de suffrages, il fallait que la chose possédée le fût à titre de *mancipi*, et acquise par les moyens prescrits pour avoir la possession *mancipi*. Cette distinction avait amené deux modes dans la manière de posséder : propriété *civile*, quand on possédait une *res mancipi*, et propriété *naturelle*, quand on possédait *res nec mancipi*. Nous retrouvons encore tout récemment chez nous une formalité semblable : la possession annale exigée pour être électeur ou éligible. De même, à Rome; une chose, suivant qu'elle était *mancipi* ou *nec mancipi*, donnait droit de suffrage, donnait le domaine quiritaire (*dominium quiritarium*).

Quand les distinctions de choses *mancipi* et *nec mancipi* disparurent, on attacha plus d'importance à celle de meubles et immeubles, mais pourtant on était bien loin d'en attacher encore autant que chez nous. Cet axiome *en fait de meubles, Possession vaut titre*, n'existait pas. Du reste, la distinction entre ces deux dénominations était bien facilement faite : ce qui ne peut pas se transporter sans changer de nature, dit le droit romain, est immeuble. Ainsi, une maison était immeuble, parce que, on peut, il est vrai, transporter les matériaux qui la composent; mais alors elle change de nature, d'espèce; un vaisseau est meuble. Chez nous les fruits encore sur les arbres, les branches sur pied, les blés avant d'être coupés sont immeubles; de même, les fenêtres, les portes d'une maison, tous ces accessoires sont immeubles par destination; mais ce qui complique cette distinction, c'est qu'elle s'applique non-seulement aux choses, mais encore aux droits : ainsi le droit d'usufruit est-il mobilier ou immobilier? Chez les Romains on ne faisait point cette distinction, et en effet, pourquoi la faire? C'est pour savoir, chez nous, si la possession, par exemple, se prescrira par trois ans ou par trente ans; si, dans une succession, tel droit appartiendra à l'héritier des meubles ou à l'héritier des immeubles.

L'objet d'un droit, c'est la source du bien-être que ce droit procure. Les droits sont établis pour l'avantage de ceux à qui on les donne; donc, tout droit est destiné à procurer un avantage. La source d'un droit peut être ou dans les choses ou dans les hommes : elle est dans les choses, quand il s'agit, par exemple, d'un fonds de terre à labourer, à protéger contre les envahissements d'un voisin, etc.; elle est dans les hommes, lorsqu'il s'agit de services, tels que ceux des domestiques, etc. Les droits ont donc toujours pour objet, ou les choses ou les services : les services sont tout à fait indépendants des choses; on les distingue en services *positifs* et services *négatifs*, c'est-à-dire, qui consistent à faire ou à ne pas faire.

A proprement parler, il n'y a pas de droits résultant des choses, qui ne soient en définitive ramenés à un service de l'homme. Par exemple, dans une obligation de livrer une chose, on croirait que l'objet de l'obligation est l'accomplissement même de l'obligation, c'est-à-dire la livraison en elle-même; mais, en fait, c'est la chose elle-même qui est utile. Ainsi, je me suis engagé à vous livrer un cheval tel jour : au jour marqué, vous me livrez, il est vrai, le cheval, et l'objet de l'obligation semble au premier instant rempli ; mais, au moment même que vous livrez ce cheval, il vient de mourir ; il est bien certain que le but véritable de l'obligation est manqué pour moi, car assurément j'aurais mieux aimé qu'on ne me fît pas livraison, attendu que le prix de la peau de ce cheval ne me compensera pas le désagrément d'avoir chez moi un animal mort, de le faire transporter, etc.; donc, ici, le but véritable était, non la livraison de la chose, mais la chose elle-même; donc, ici, le service et la chose se confondent. Mais il y a des cas où la distinction des choses et des services est utile. Par exemple : vous me devez 10,000 fr., un autre vient me payer ces 10,000 fr. pour vous; cela doit m'être égal, pourvu que je touche 10,000 fr. Voilà un cas où il y a service. Mais je suis convenu avec un sculpteur qu'il viendra me faire mon buste ; au lieu de venir comme nous en étions convenus, il m'envoie un tailleur de pierres; cela ne m'est point égal : il y a ici obligation, non d'un service, mais d'une chose. Voilà en quoi il est quelquefois utile de distinguer les choses et les services. Il y a encore une division en choses *fongibles* et *non fongibles*. On nomme *fongibles* les choses qui se consomment par le premier usage qu'on en fait, *res quæ primo usu consumuntur*. Chez les Romains on ne connaissait pas le mot *fongibilis*, mais il avait une espèce de synonymie avec cette expression : *res quæ numero, mensura aut pondere constant ;* et ces choses sont, en général, ce que nous nommons *fongibles*. Ainsi l'argent est dans cette classe, *numero constat ;* les grains de la terre, *mensura constant ;* les liquides, le vin, les liqueurs, *pondere constant ;* il y aussi des solides, comme les fruits qu'on vend à la livre, et qui sont aussi choses fongibles, *pondere constant*. Cette dénomination que nous avons donnée de fongibles et non fongibles est assez bien trouvée; l'étymologie est le mot *fungi, fungor*. Ces choses peuvent se remplacer par d'autres de même nature, sans dommage pour celui qui reçoit. Mais des choses de même nature peuvent être en même temps fongibles et non fongibles; par exemple, une voie de bois est une chose très-fongible : je vous prends une voie de bois, je puis assurément vous la remplacer par une autre, sans que cela vous incommode en rien; mais une poutre de bois n'est point une chose fongible, parce que vous ne pouvez me rendre indifféremment telle ou telle poutre, attendu que je choisis une poutre, que je l'examine avec soin, et que la vôtre peut ne pas entrer dans mon choix. Des livres peuvent être fongibles et non : moi, libraire, j'envoie prendre chez un libraire, mon voisin, une douzaine d'exemplaires d'un ouvrage; assurément je puis lui en rendre une douzaine sans dommage pour lui, il y a ici fongibilité : mais j'ai prêté à un ami un exemplaire d'un ouvrage qui me vient d'une personne chère, et qui porte don, de la main de cette personne, ou il est chargé de notes qui me sont précieuses; sans contredit, on ne peut pas m'en rendre un autre indifféremment, il n'y a point là fongibilité.

Parmi les divisions, il n'y en a peut-être pas de plus ridicule que celle en choses *corporelles* et *incorporelles*. Les choses incorporelles ne sont autres que des droits : pourquoi donc appeler *droits* des *choses?* pourquoi faire d'abord cette division de droits et choses, pour faire rentrer ensuite des droits dans la classe des choses, et se donner ainsi la peine de rediviser encore les choses en une certaine espèce de *choses* et une certaine espèce de *droits?* N'est-il pas bien plus raisonnable de ne faire que deux classes : les droits, et les choses que nous pouvons définir, *ce qui peut faire la matière d'un service rendu par un particulier à un autre?* Ce qui a été cause qu'on a créé deux adjectifs, c'est qu'on voulait redistinguer ce qu'on avait confondu; mais ne confondez pas les droits et les choses, et vous n'aurez pas besoin de ces deux adjectifs. (*Voyez* Bentham, *Choses corporelles et incorporelles.*)

Les Romains ne disaient pas : droit aux choses, droit aux services ; ils nommaient le premier *obligatio dandi, tradendi, præstandi*, et le second *obligatio faciendi et non faciendi* ; de même dans notre Code civil nous retrouvons cette expression : « obligation de faire, obligation de donner. »

Obligari renfermait une idée de plus qu'une idée d'un lien qui nous astreint à quelque chose ; ainsi on ne disait pas *obligari* de ne pas voler : on disait dans ce sens-là *teneri*. *Tenere* s'appliquait à devoirs communs à tout le monde, et *obligari* à une seule personne.

Les Romains n'attachaient pas la même idée que nous au mot *vendre* (*vendere*) : chez nous le mot *vendre* signifie que celui qui vend rendra propriétaire celui qui achète. J'ai vendu, comme mienne, la part de la succession de mon frère absent ; il revient : il peut se plaindre et demander la résiliation de la vente. Chez les Romains, c'était tout différent : le mot *vendere* signifiait qu'on s'engageait à faire jouir l'acquéreur tranquillement ; mais on ne transférait pas la propriété. Dans l'hypothèse ci-dessus, je vous ai vendu cette maison, mon frère revient, vous n'avez rien à dire tant que vous n'êtes pas troublé dans votre paisible jouissance. Voici l'origine de ce mot : anciennement, chez les Romains, les choses se divisaient en *mancipi* et *nec mancipi* ; les choses *mancipi* étaient seules importantes, et donnaient seules droit de suffrages ; elles ne se vendaient pas, on pouvait les transmettre. On avait donc établi des moyens de les faire passer sur d'autres têtes ; ce moyen c'était la mancipation : on mancipait celui à qui on voulait transmettre les choses *mancipi*. Mais quand Rome devint puissante par ses énormes richesses, on eut beaucoup de biens qui ne furent pas compris dans la classe des *mancipi* ; ces biens *non mancipi*, il arriva que des propriétaires, par telle ou telle raison, voulurent les transférer à d'autres : on ne pouvait pas manciper, puisque ces biens n'étaient pas *mancipi*, il fallut donc les vendre ; mais comme alors ces biens n'étaient pas la propriété de ceux qui en jouissaient, mais bien celle de l'État qui en avait la nue propriété, et en laissait aux citoyens Romains qui les avaient acquis une jouissance, un droit de possession plus ou moins bien garanti par les édits du préteur, on ne pouvait pas vendre la propriété d'une chose dont on n'était pas propriétaire ; le contrat qu'on passait ne pouvait donc pas avoir le sens de transmettre la propriété ; cela signifiait : *ad præstandum rem haberi licere*, c'est-à-dire fournir à l'acquéreur la jouissance, la possession (*habere*). Le contrat de louage chez nous a le même sens ; on le définit, une obligation de faire jouir ; ce n'est qu'une obligation relative aux choses.

L'article 1126 confond les mots *choses* et *services* : mais comment peut-on dire que lorsque je suis, par exemple, obligé de ne pas entrer dans votre maison, de ne pas traverser votre jardin, cette obligation est une *chose* que je m'oblige à ne pas faire ; ne pas traverser un jardin, c'est une *chose !* A une pareille définition mon esprit est dans le vague, et cherche en vain une idée sous cette expression. Une chose, c'est un objet qui tombe sous nos sens, que nous considérons comme ayant une existence indépendante de la nôtre : voilà ce que c'est qu'une *chose*. Nous reconnaîtrons donc que ce mot, en latin comme en français, est trop vague : il convient de le préciser afin de nous entendre mieux, en ayant une idée nette de tous les mots.

§ 2. *Division générale des événements qui font naître ou cesser les droits et les devoirs.*

On distingue les actions en licites ou illicites, suivant qu'elles sont permises ou défendues. Les événements qui produisent des droits sont quelquefois indépendants de la volonté de l'homme. Ceux qui produisent des droits et des de-

devoirs doivent être distingués de ceux qui les font cesser. Bentham nomme les premiers événements *investitifs*, et les seconds, *divestitifs* : ces expressions très-justes de Bentham ne sont pas tout à fait nouvelles; dans le temps de la féodalité, on disait déjà investir et divestir, l'investiture des droits seigneuriaux, etc. Chez les Romains cette distinction n'était pas très-bien établie : on nommait la première distinction *modus acquirendi* ou *titulus*. Un acte illicite est un acte défendu par les lois, parce qu'il est nuisible; mais il est absurde de dire qu'un acte illicite peut être l'objet d'un service : c'est l'omission de ce fait, de cet acte qui peut être un service, et non l'acte lui-même.

Nous trouvons dans Gaïus une expression fort difficile à traduire dans notre langage français : *variæ causarum figuræ : causæ*, ce qui peut produire des effets ; *figuræ*, les formes que prennent ces *causæ;* en un mot, nous aurons peut-être le sens le plus intime de cette expression en la traduisant : les diverses circonstances sociales. Mais cette traduction même est un aveu de la difficulté ; car, dire qu'une obligation naît du consentement et de *diverses circonstances sociales*, c'est ne rien préciser ; c'est nous jeter dans le vague.

Qu'est-ce qu'un *acte?* Si nous nous transportons dans une étude de notaire, nous dirons que c'est un écrit rédigé par un notaire ; mais nous prendrons notre définition de plus haut, et nous dirons qu'un acte est un fait de l'homme qui peut produire des droits. Ainsi nous voyons des actes licites et des actes illicites ; ainsi un acte peut être indépendant d'un écrit. Les notaires ne voient au contraire l'acte que dans l'écrit ; toujours le mot *acte* présente à leur esprit l'idée de la feuille de papier sur laquelle ils ont écrit.

On nomme quelquefois formalité d'un acte l'acte lui-même : ainsi y a-t-il rien de plus ridicule que de dire que l'institution d'un héritier est une formalité du testament. Le testament n'est autre chose que l'institution d'héritier ; donc l'institution d'héritier n'est pas une formalité du testament, mais bien le testament lui-même.

Pour transférer la propriété, deux événements sont nécessaire : 1° le consentement de celui qui transfère ; 2° le consentement de celui à qui l'on transfère. Chez les Romains, pour que la propriété passât à un autre, il fallait, avons-nous vu, qu'il y eût tradition. (*Introduction*, p. 32 ; *Aperçu*, p. 88.)

La circonstance qu'il a été commis de nuit ou de jour influe sur un délit : chez les Romains le voleur de nuit était plus puni que le voleur du jour. Dans les faits licites nous voyons de même une différence ; ainsi une signification d'huissier ne peut être valablement faite que de telle à telle heure (Code de procédure).

La complicité a toujours été considérée comme une circonstance aggravante. Suivant qu'il y a escalade, effraction, il y a aussi des peines plus graves.

La récidive, ou réitération du même fait illicite par le même individu, aggrave aussi le délit et la peine.

Nous avons traité des personnes, de l'objet des droits et des devoirs, des événements qui les font naître ; maintenant nous allons voir les droits et les devoirs eux-mêmes.

Quel sens les jurisconsultes romains attachaient-ils au mot droit *civil* opposé au droit *naturel* et au droit *des gens* ? Ce mot *jus civile* n'offre aucun doute sur sa signification latine : il est conforme à son étymologie ; *civitas* était le mot qui désignait la nation, la réunion d'hommes appelés de ce nom *cives* ; le droit qui concernait les citoyens (*cives*) portait conséquemment la dénomination de *jus civile*. Mais il n'était pas synonyme de ce que nous appelons chez nous *droit civil* : nous disons, par exemple, Code civil par opposition au Code pénal ou criminel, tribunaux civils en opposition avec tribunaux criminels. Le mot *civil* est quelquefois opposé au mot politique ; ainsi dans un des premiers articles du Code civil, nous voyons que tout Français exercera ses droits *politiques* au lieu du domicile, etc. Notre Code civil est un code de droit privé et de droit qui ne tient pas au droit criminel; quelquefois on l'oppose au droit *commercial*, *militaire* ou *ecclésiastique;* encore dans l'un des derniers projets de loi sur le duel, il était opposé au *droit de famille* et droit *civique;* division nouvelle assez bizarre et assez peu intelligible. Le mot *jus civile* était donc chez les Romains le droit propre aux citoyens. Nous avons vu plus haut (*Introduction*, p. 12 et suiv., et plus loin, p. 55) les différentes distinctions établies entre les différentes sortes de droits.

Il y a encore d'autres subdivisions, pour ainsi dire, intérieures du droit privé. Nous avons vu aussi (p. 83) la désignation du *jus in re* et *jus ad rem*, selon qu'il s'applique à tous les hommes ou à tel homme en particulier : le droit de propriété existe parce que tous ont pour devoir de respecter la propriété : c'est un droit qui s'applique à tous, un droit que nous nommerons absolu, *jus in re;* mais quand je prête de l'argent à un individu, il y a là un droit de créance contracté envers moi, mais par qui? Est-ce par tous? Ce n'est que par un individu spécial, désigné; il y a là *jus ad rem*. Ces expressions de *jus in re*, *in rem*, *ad rem*, ne sont cependant pas des expressions qui appartiennent aux jurisconsultes romains, ce sont les commentateurs qui les ont créées ou du moins étendues, car les jurisconsultes romains connaissaient bien celle de *in re*, mais non celle de *ad rem*, et quand ils voulaient faire opposition à *in re* ou *in rem*, ils employaient celle de *in personam;* ainsi, pour exprimer le droit absolu, c'était *jus in re* et le droit relatif *in personam*. Le mot *dominus*, *dominium*, entraînait l'idée de maître et de propriétaire tout à la fois, parce que c'est un droit du même genre.

Il y a *obligation* (*obligatio*), ainsi que nous l'avons déjà vu, quand tel ou tel individu en particulier est tenu (*tenetur*) de faire ou de ne pas faire une chose; il y a *devoir* lorsque tous y sont soumis : c'est un devoir de ne pas voler, de ne pas tuer; c'est une obligation (*obligatio*) de rendre ce qu'on a emprunté.

Il y a *obligatio* dans le second cas et *officium* dans le premier. Les expressions *in rem*, *in personam* indiquent qu'on détermine un individu ou qu'on ne le détermine pas, qu'on parle d'une manière absolue ou d'une manière relative : *in rem* dans le sens indéterminé, *in personam* dans le sens déterminé à une personne. Voilà une définition de ces deux expressions conforme tout à fait au génie de la langue des jurisconsultes romains; mais substituer à cette expression si claire et naturelle de *in personam* celle de *ad rem*, c'est vouloir mettre la confusion dans l'esprit comme elle est dans les mots : cette locution ne présente aucun sens; remontons pourtant à son origine pour chercher à la comprendre. Voici comment les jurisconsultes romains, ou plutôt les commentateurs, y ont été conduits, car les jurisconsultes ne connaissaient que l'expression *in personam* opposée à *in rem*. Quand je possède un immeuble, j'ai un droit qui s'étend sur toute la société, un droit absolu, *jus in re* ou *in rem* : les commentateurs du moyen âge ont comparé ce droit avec celui que j'ai, lorsqu'on ne m'a pas encore livré le bien ; je n'ai pas un droit complet, je n'ai que le droit de me faire livrer, *jus ad rem obtinendam* : c'est ainsi qu'on est venu à opposer *jus in re* et *jus ad rem*.

Il arrive souvent que, pour exprimer la même idée, on emploie deux ou plusieurs mots différents, suivant qu'on les emploie par rapport à une personne ou à une autre ; ainsi, lorsque nous disons qu'il y a des devoirs généraux, des devoirs spéciaux, et des droits absolus, des droits relatifs, nous avons la même idée présente à l'esprit : seulement l'un nous montre celui envers qui l'on est obligé, l'autre nous montre l'obligé. En un mot, quand je dis devoirs généraux, je vois là une nécessité que tout le monde a, de respecter mon champ par exemple ; c'est un devoir général par rapport aux autres, c'est un droit absolu par rapport à moi; devoir spécial, c'est la nécessité imposée à mon débiteur de me payer; droit relatif, c'est le bénéfice que la loi m'accorde vis-à-vis de ce débiteur: on voit donc que devoirs généraux et droits absolus, d'une part; devoirs spéciaux et droits relatifs de l'autre sont en rapport exact, seulement inverse par rapport aux personnes. A la rigueur une langue pourrait n'avoir qu'une des deux expressions, mais il est souvent commode d'en avoir deux, c'est ainsi que nous avons *paternité* et *filiation* pour exprimer l'idée une de procréation.

La division des droits en mobiliers et immobiliers est à peine marquée dans le droit romain. Il distinguait cependant les meubles et les immeubles, mais c'était pour désigner uniquement les choses corporelles et non corporelles : ainsi le vol ne s'appliquait, comme chez nous, qu'aux meubles : on ne qualifiait pas de vol, entrer de force dans un immeuble, dans une maison.

Droit personnel s'entend dans un autre sens que quand on dit chose réelle ou personnelle. Une *servitude* est *personnelle* quand ce droit est attaché à la personne; on cite le droit d'usufruit; une *servitude* est *réelle* quand elle est attachée non à la personne en elle-même, mais à la personne du propriétaire, au droit de propriété, par exemple : un droit de passage sur telle ou telle terre.

Il y a encore une autre division, mais que nous examinerons lorsque nous traiterons des successions, c'est celle de droits transmissibles et non transmissibles, divisibles et indivisibles. Le mot obligation, ferons-nous seulement observer ici, n'est pas aussi étendu que le mot devoir, puisque tous les devoirs ne sont pas des obligations, mais seulement une subdivision du mot devoirs; le mot *obligation* et *devoir spécial* est synonyme et en rapport inverse de personnes avec *droit relatif*.

§ 3.

Traité des droits et des devoirs entre les personnes capables.

Les droits des personnes capables se divisent en six classes :

1° Les droits qui sont attachés à la personne par cela seul qu'elle est capable.

2° Ceux qui dépendent d'un événement qui pouvait ne pas arriver ou arriver plus tôt ou plus tard ; par exemple le droit de propriété.

3° Ceux qui ont pour objet les obligations, dans le sens que les Romains attachaient à ce mot, ces engagements spéciaux qu'une personne pouvait établir avec une autre personne par sa volonté ou celle de toutes deux.

4° Les biens légaux qui unissent le mari à la femme, le père, la mère à l'enfant, des parens, des alliés.

5° Ceux qui ont pour objet les droits et les devoirs qui s'établissent à la mort d'un individu lorsqu'il faut que la loi dise ce qui adviendra des biens d'un individu à sa mort, en lui prescrivant à cet effet un testament ou attachant la qualité d'héritier à une autre qualité, par exemple celle de parent ou de patron.

6° Les droits appelés *actiones* ; ce sont les droits que Bentham a appelés droits *sanctionnateurs*. Les actions sont des droits établis pour venir au secours de ceux qui possèdent d'autres droits, mais souffrent dans la jouissance de ces droits. On a dû donner aux actions une force plus grande que celle des autres droits ; sans cela, celui qui aurait méconnu les premiers méconnaîtrait aussi les seconds : c'est pour cela que nous voyons les actions presque toujours aidées du secours de la force armée. Les actions ont été nommées le droit de faire venir en jugement, afin d'obtenir la condamnation de quiconque a causé à autrui quelque dommage ; mais nous prenons ce mot dans un sens plus étendu, celui de protéger les autres.

La première classe de droits comprend :

1° Le droit de sûreté personnelle, qui est le droit de n'éprouver par le fait d'autrui aucune sensation pénible par les moyens qui peuvent opérer sur notre individu physique

2° Le droit de réputation. C'est le droit que nous avons de ne pas être attaqués dans notre réputation ou par des paroles ou par des écrits qui pourraient compromettre notre honneur, diminuer l'estime qu'on nous porte, en un mot nous nuire dans l'opinion publique.

3° Le droit de liberté privée, ou droit de se transporter librement d'un endroit dans un autre, tant que ce droit ne nuit aux intérêts de personne. (*Introduction*, pag. 23 et 24.)

Voilà les trois principaux droits attachés à la personne.

Nous n'avons pas à nous occuper, en traitant de ces droits, de la manière de les acquérir, de les transmettre. Dans un Code civil, l'énonciation simple de ces droits suffit ; mais ils occupent au contraire une grande place dans le Code pénal : les peines attachées aux transgressions de ces droits sont l'objet des dispositions pénales.

Il y a ce qu'on appelle les droits de domicile. Le domicile est souvent pris par ceux qui ignorent le droit pour l'habitation, même momentanée ; ainsi, un individu quitte Lyon, où il vit depuis nombre d'années consécutives ; il vient faire un voyage de quinze jours à Paris ; communément on nommera *domicile* le lieu, l'hôtel garni où il est descendu, où il loge. Cette erreur est pardonnable, surtout en remontant à l'origine de ce mot qui vient de *domus*. En droit le mot domicile entraîne toujours l'idée de l'exercice de certains droits ; de là la différence établie entre le domicile politique et le domicile privé.

On ne peut énumérer les droits qui ne consistent qu'en simples capacités ; car dire toutes les capacités d'un citoyen romain, ce serait énoncer tous ses droits.

La capacité, c'est cette possibilité où l'on est de posséder plus tôt ou plus tard tel ou tel droit : ainsi c'est une capacité d'acquérir tel ou tel domaine, c'est une capacité d'acheter, de vendre.

Nous avons parlé déjà du domicile ; voyons ses divers modes : d'abord dans quel but a-t-on établi la nécessité d'un domicile ? Dans le cas d'élection de députés chez nous, comme tous les Français ne peuvent point voter ensemble dans le même lieu, on a dû faire des divisions, et déterminer par conséquent dans quelle de ces divisions chaque individu donnerait son suffrage. De, même pour le mariage, nous avons exigé qu'il fût célébré devant un officier appelé officier de l'état civil ; nous avons exigé qu'il fût précédé de publications pour en instruire toutes les personnes qui peuvent y avoir intérêt. Si ces publications pouvaient avoir lieu en tous endroits, le but de faire connaître le mariage aux personnes intéressées serait manqué évidemment : dans ce cas encore on a donc dû limiter le lieu où pourrait se célébrer le mariage.

Pour déterminer ce lieu on a dû consulter l'intérêt de toutes les parties : ainsi, dans le cas ci-dessus, on a dû chercher dans quel endroit un mariage serait plus facilement connu ; évidemment dans celui où l'individu qui se marie, demeure : dans le cas d'une dette, on a également considéré l'intérêt de celui qui la contracte et de celui avec qui elle est contractée ; on a donc appelé domicile le lieu où un individu peut être contraint d'accomplir une obligation. En effet nous avons plus d'intérêt à poursuivre notre débiteur dans le lieu où il habite, où il a ses meubles, etc., et lui, là où il est plus connu, sera plus porté à faire honneur à sa dette et à ne pas se faire passer pour un fripon : ainsi l'intérêt du créancier est d'accord avec celui du débiteur.

Mais lorsqu'un individu change souvent d'habitation, par exemple un commerçant qui voyage, où sera son domicile ?

Le droit romain dit que le domicile est là où un individu a le siége de ses affaires; notre Code civil en donne une définition à peu près semblable en disant qu'il est où l'on a son principal établissement. Que signifie cette expression : *siége des affaires, principal établissement?* Est-ce à dire où sont les *propriétés les plus importantes?* Non : on doit entendre par ces expressions le lieu où l'on a coutume d'expédier ses affaires, de passer des contrats etc.

Peut-il y avoir deux domiciles? Quelques jurisconsultes romains, prenant textuellement la loi, disent que non : mais cette opinion est celle d'un esprit trop servilement attaché à la lettre de la loi; il faut remonter à de plus hautes considérations, à l'origine même de la loi, l'intérêt de toutes les parties; ainsi lorsqu'un individu aura plusieurs domiciles qui ont les apparences de principal établissement, il ne pourra décliner dans l'un ou l'autre de ces domiciles les effets attachés au domicile; mais comme pourtant il y a un de ces domiciles qui est son domicile de choix, on a fait une distinction de nom, et l'on a appelé *domicile réel* celui où l'individu a la volonté de le fixer, et *domicile présumé* celui ou ceux où il y a apparence de domici e pour les tiers.

La loi n'a pourtant pas voulu que le choix de domicile fût obligatoire à toujours; elle a permis de le changer : d'un autre côté elle n'a pas non plus voulu que ce changement tournât au préjudice du tiers; et pour qu'il n'en soit pas ainsi, il faut que ces tiers connaissent le changement; aussi voyons-nous notre Code nous obliger à des déclarations à la mairie.

Si les tiers n'avaient pas pu être informés du changement, ils seraient autorisés à agir à l'ancien domicile *réel* qui serait devenu pour eux un domicile *présumé*.

Le Code de procédure (art. 68) a pris le mot *domicile* dans le même sens que les personnes qui ne connaissent pas le droit, c'est-à-dire celui du lieu où l'on habite, ainsi il dit pour les assignations, qu'il faut les remettre à personne *ou do-*

micile. Le Code civil lui-même a quelquefois employé cette dénomination erronée.

Le domicile *général* est celui qui concerne toute une classe de droits, par exemple : tous les droits civils ; le domicile *spécial*, celui qui ne concerne qu'un droit ou certains droits déterminés, par exemple si je conviens que je serai poursuivi, pour l'exécution de tel contrat, au lieu où il a été passé, quoique je n'y demeure pas : voilà élection de domicile dans ce lieu ; voilà un domicile *spécial*, désigné d'avance.

Le domicile *réel* et le domicile *présumé* sont toujours domicile général : le domicile *présumé* n'est pourtant pas aussi général que le domicile *réel* ; en effet, le domicile présumé n'existe que pour ceux qui n'ont pas connu le changement de domicile ; mais pour ceux qui le connaissent, point de domicile présumé ; ainsi il n'est pas aussi général, en ce qu'il n'existe pas pour toutes personnes.

On distingue plusieurs espèces de domiciles spéciaux : le domicile spécial pour l'exécution d'une convention, qu'on appelle domicile conventionnel ; il y a d'autres domiciles spéciaux qui ne sont pas conventionnels ; par exemple : pour se marier, il faut avoir six mois de résidence dans l'endroit où l'on se marie ; ce n'est pas un domicile conventionnel, puisqu'on peut le prendre partout où bon semble, mais c'est un domicile spécial.

Indépendamment du domicile réel que chaque Romain pouvait avoir, il avait encore un domicile commun, qui était la ville de Rome : l'effet de ce domicile était que, quand un romain domicilié à Rome trouvait à Rome un Romain son débiteur, non domicilié dans cette ville, il pouvait s'emparer de lui, le traîner devant les tribunaux de Rome et le faire condamner sur-le-champ : ce droit cessait dès que le Romain n'était plus dans la ville. Mais même, tandis qu'il y était encore, il y avait plusieurs exceptions à cette permission accordée au citoyen domicilié à Rome : lorsque le Romain, non domicilié à Rome, était envoyé (*legatus*) d'une autre ville; lorsqu'il y était appelé pour remplir les fonctions de juré (*judex*), enfin lorsqu'il y venait pour une cause indépendante de sa volonté et de ses intérêts personnels.

§ 4. *Du droit de propriété, de ses démembrements et des événements par lesquels on peut acquérir ou perdre ce droit, soit en totalité, soit en partie.*

Avant tout, il faut nous entendre sur le mot *propriété*. Qu'est-ce que *propriété* dans le droit romain? Autrefois le sens de ce mot n'était pas équivoque : on entendait par propriété tous les objets dont on peut disposer, dans toute l'extension du mot : *jus utendi et abutendi, quatenus ratio patitur ;* mais nous préférons la définir de cette manière : le droit de propriété est le droit de disposer exclusivement de la manière la plus étendue, sauf les restrictions légales. Aujourd'hui on généralise trop ce mot; ainsi nous entendons dire tous les jours que nos pensées sont notre propriété, etc. Prenons-le dans le sens le plus positif : ainsi, appliqué à un fond de terre, c'est le droit de l'occuper exclusivement. A ce droit que nous avons sur ce fonds de terre, se joignent plusieurs autres modes de droits qui en découlent; ainsi le droit de modifier la chose, par exemple labourer, aplanir des monticules de terre, etc., en un mot toute la culture de ce fonds de terre; ensuite le droit de recueillir les produits, de détacher des portions de la chose, par exemple couper la récolte qui, une fois détachée du sol, devient une propriété distincte du fonds de terre, extraire de la pierre d'une carrière de ce fonds de terre : j'ai sur ces objets séparés du fonds de terre (les pierres, la récolte) un droit séparé du droit de propriété sur le fonds de terre. Ensuite se joint encore le droit de disposer ou aliéner; ensuite le droit de démembrer ou transmettre à un autre une portion des avantages que donne la qualité de propriétaire, par exemple l'*usufruit*. Enfin le droit de disposer par testament.

§ 5. *Du droit de propriété et de ses démembrements.*

(Précédemment p. 85 et suiv. — *Voir aussi* art. 544 et suiv., 712 et suiv. Code civil.)

On appelle *choses* les objets extérieurs qui peuvent exercer sur nous une impression bonne ou mauvaise. Nos semblables sont exceptés; chez les Romains, pourtant, ils ne l'étaient pas tous : les esclaves étaient regardés comme des choses.

Une chose qui n'est pas productive donne un droit de propriété moins étendu qu'un fonds de terre. Le droit de propriété renferme cinq droits bien distincts :

1° Celui d'occuper, exclusivement à tout autre, la chose dont on est propriétaire, c'est-à-dire de se mettre en contact avec la chose aussi souvent qu'on veut; de passer par exemple sur cette chose, et d'empêcher qui que se soit d'exercer ce droit sans notre permission : c'est ce droit qu'on appelle aussi quelquefois *jus utendi*.

2° Le droit de modifier la chose : on peut regarder comme une partie de ce droit, celui de réunir à cette chose une autre chose tout à fait distincte, par exemple, du grain que l'on sème dans la terre;

3° Le droit de profiter de ce qui est produit par la chose, recueillir les fruits, exploiter les carrières, etc.

4° Le droit de démembrer la propriété, ou la faculté d'attribuer à une autre personne une partie des droits que donne la qualité de propriétaire, comme l'usufruit, l'hypothèque, etc.

5° Le droit de disposer et transmettre : c'est le droit de faire passer à un autre non-seulement une partie des avantages de la propriété, mais encore la qualité même de propriétaire. Le droit de transmettre, c'est l'avantage qu'a le propriétaire de savoir qu'à sa mort, ses biens passeront aux personnes qu'il entend en investir.

Le droit de propriété renferme celui de revendiquer, c'est-à-dire d'intenter une action pour conserver la propriété.

Le droit de propriété renferme quelquefois des droits accessoires; quant au droit privé, la propriété bornée par une rivière, un fleuve, donne le droit de s'emparer et de devenir légitime propriétaire de toutes les terres que ce fleuve peut charrier dans son cours et ajouter à la propriété, c'est ce qu'on appelle *droit d'alluvion;* le propriétaire avait même autrefois le droit de prendre et de faire sienne une île, la plus voisine de sa terre; si l'île était à une égale distance de mon fonds de terre et de celui de B, j'en avais la moitié et B l'autre moitié.

C'était un principe que toute construction faite sur un fonds de terre appartînt au propriétaire du fonds, *ædificia solo cedunt*; c'est ce qu'on appelle droit d'*accession*.

Le droit de propriété donne encore, comme droit accessoire, le droit de *servitude;* il faut être propriétaire pour avoir ce droit de servitude sur un fonds de terre, c'est un droit inhérent à la qualité même de propriétaire : entre autres propriétés du droit de servitude, elle donne celui d'empêcher qu'on ne plante des arbres à haute tige sur le fonds même dont je ne suis pas propriétaire, si ce n'est à une certaine distance de mon fonds; de construire un mur avec des ouvertures sur ma propriété, etc. Ce droit de propriété est une charge imposée au fonds voisin (Voir précédemment les *Servitudes*, p. 93 et suiv.)

Le droit de propriété est fort étendu, le plus étendu de tous; mais il souffre pourtant des restrictions, les unes dans l'intérêt de la société, les autres dans un intérêt privé. Nous venons de voir ces dernières, nous allons voir celles qui ont pour but l'intérêt général de la société. Le droit de propriété est modifié quelquefois en totalité : s'il s'agit par exemple de creuser un canal, d'élever un monument public, precisément à l'emplacement de ma maison, de mon fonds de terre, je pourrai perdre la totalité de mes droits, la totalité de la propriété ; mais il y a aussi des modifications partielles de la propriété, des restrictions élémentaires appliquées à certaines parties de la propriété ; chaque droit qui découle du droit de propriété est donc sujet à des modifications. C'est ainsi que :

1° Le droit d'occuper exclusivement la chose souffre des restrictions : le magistrat, sans l'autorisation du propriétaire, peut s'introduire, avec les formes légales, sur la propriété, pour la recherche d'un crime, etc. En cas de guerre, les armées nationales peuvent s'introduire sur les propriétés privées, lorsque l'intérêt de l'État l'exige.

2° Le droit de modifier la chose est restreint en ce que, propriétaire, je ne puis pas faire sur mon fonds des excavations telles, que, retenant les eaux pluviales, elles en privent une ville, un village voisins, et les exposent à des maladies. Si je possède une source dont les eaux, en s'écoulant, soient nécessaires à un village voisin, je ne puis pas détourner cette source de sa destination.

3° Le droit de profiter de ce qui est produit par la chose : le clergé, autrefois, avait le droit de recueillir la dixième gerbe sur dix. Aujourd'hui, les mines peuvent être l'objet d'une propriété distincte du fonds même ; l'État s'est attribué le droit d'exploiter les mines ; ainsi ce n'est plus le cas d'appliquer ici cette ancienne maxime que « qui possède dessus, possède dessous. » Nous n'examinerons pas la justice de ces deux restrictions ; nous ne demanderons pas comment, lorsque je donnais, pauvre laboureur, la dixième gerbe au curé de ma paroisse, je servais l'intérêt public, l'intérêt de la société.

4° Le droit de démembrement : la restriction de ce droit, c'est qu'on ne peut pas aujourd'hui établir de rentes foncières. Il y en avait une autre : autrefois il y avait ce qu'on appelait *rentes féodales*, des rentes que l'on payait au seigneur; c'est ce qui avait donné lieu à cette distinction d'un même fonds de terre en *domaine direct* et *domaine utile* : le domaine direct était le droit du seigneur, le domaine utile s'appliquait au propriétaire.

5° Le droit de disposer est également restreint : *la réserve*, c'est une partie des biens dont la loi défend au propriétaire de disposer, au préjudice de certains parents, au profit desquels elle est faite; c'est ce qu'on appelait autrefois *la légitime*. La qualité des personnes apporte quelquefois certaines restrictions au droit de disposer; ainsi on ne peut donner au delà d'une certaine quotité aux enfants naturels.

Toutes ces servitudes, établies dans l'intérêt public, se nomment servitudes naturelles.

Un autre démembrement était la division en domaine quiritaire et domaine bonitaire. Le domaine quiritaire (*dominium quiritarium*) était la propriété des citoyens romains seulement; le domaine bonitaire (*res in bonis alicujus*) était un droit commun aux étrangers comme aux citoyens romains. Quelle fut l'origine de cette double qualification? Le domaine quiritaire n'avait lieu que quant aux domaines situés dans l'Italie. Mais pour les choses particulières, mobilières, comment appliquait-on cette distinction? Plusieurs auteurs ont pensé que, pour les choses, la dénomination de domaine quiritaire ne s'appliquait qu'aux choses *mancipi*, et que le domaine bonitaire était celui qui pouvait avoir lieu, même sur les choses *nec mancipi*. On a supposé que cette distinction avait été établie pour les droits politiques, par exemple, les droits de suffrages. Les choses *mancipi* semblent en effet avoir seules de l'influence pour l'exercice de ces droits; mais il ne suffisait pas d'avoir des choses *mancipi*, il fallait encore avoir sur elles le domaine quiritaire. Trois conditions étaient donc voulues pour avoir le domaine quiritaire. Il fallait posséder des choses *mancipi*, être citoyen romain et avoir acquis par les moyens d'acquérir le droit civil. Les étrangers n'avaient que des droits naturels. Voilà un système fort simple et par là même fort compréhensible ; malheureusement, certains textes paraissent le contredire; mais voici comment nous croyons pouvoir essayer de lever cette difficulté.

Cette distinction de droits en quiritaire et bonitaire , *mancipi* et *nec mancipi*, existait pour régler les pouvoirs des différentes classes de citoyens ; mais, lorsque les citoyens individuels perdirent leur influence, lorsque les empereurs, en un mot, ramenèrent dans leurs mains impériales les pouvoirs dispersés sur la nation, le fait cessant, les distinctions établies pour déterminer ce fait durent nécessairement cesser aussi ; c'est ce qui arriva : les droits politiques disparurent, et avec eux les dénominations qu'on leur avait données ; tellement que les jurisconsultes eux-mêmes, sous l'empire, n'y attachèrent plus d'importance, et classèrent indistinctement les droits quiritaires dans les choses *nec mancipi*. Dans Gaïus, l'un des plus anciens auteurs qui nous parlent du droit, la distinction que nous faisons est très-bien marquée ; mais, à mesure que nous nous rapprochons de nos temps, nous la voyons s'effacer ; dans Ulpien, puis Tribonien ; elle s'évanouit graduellement, jusqu'à ce que nous en perdions même la trace; et enfin Justinien nous annonce que, de son temps, on ne comprend même plus cette distinction de domaine quiritaire et bonitaire : c'est ce qui fait qu'aujourd'hui elle est fort constestée ; néanmoins, à l'aide de cet historique des droits politiques des Romains, nous nous croyons autorisé à la conserver, comme plus claire, puisque au total elle ne semble point opposée à la vérité. (Pag. 9).

Les démembrements de la propriété sont : *usufructus* , *usus*, *servitus*, *hypotheca ;* d'autres ajoutent *possessio*, nous verrons s'ils ont raison. Mais, avant de savoir si la possession est un démembrement, sachons d'abord quels sont les démembrements. Leur nombre est-il indéfini ? Quels sont les démembrements nommés ou innommés ?

Un propriétaire peut convenir avec un autre de toutes les modifications possibles sur sa propriété, sauf quelques restrictions établies par la loi Ces modifications sont ce qu'on appelle des servitudes ; les Romains définissaient les servitudes prædiales, c'est-à-dire relatives au fonds de terre (*prædia*), un droit d'un fonds de terre sur un autre fonds de terre. (Précédemment, p. 94.)

Mais au lieu d'accorder, de propriétaire à propriétaire, un droit sur un fonds de terre, lequel droit a pour cause le voisinage de ce fonds de terre, et est par conséquent inhérent à ce fonds, indépendamment de la personne qui en est propriétaire, si, moi, propriétaire, j'accorde au fermier voisin le droit de venir abreuver deux cents brebis à mon étang, parce qu'il a un troupeau trop considérable pour l'abreuver tout entier au sien, ce sera là un droit que les Romains n'auraient pas désigné sous le nom de servitude ; c'est un droit personnel, individuel ; c'est un démembrement que nous ne saurions qualifier ; c'est donc un démembrement *innommé*. Cet exemple seul doit faire voir combien de ces sortes de démembrements il peut y avoir, et l'on peut reconnaître sans aucun doute que leur nombre est illimité, indéfini.

La possession est-elle un démembrement de la propriété? Mais d'abord, avant de chercher si c'est ou non un démembrement, qu'est-ce que la possession ? Considérée comme un fait, c'est un rapport entre un individu et une chose, de telle sorte qu'il puisse faire de cette chose ce qu'il veut. Posséder une chose, c'est l'avoir en sa puissance ; il ne s'agit pas ici d'une puissance légale, mais de fait : ainsi un voleur possède ce qu'il a volé, tant qu'il l'a dans la main, tant qu'on ne le lui a pas fait restituer.

La possession est claire et se détermine facilement pour de petits objets : ainsi la montre que j'ai dans ma poche, je la possède ; mais il n'en est pas de même pour des objets d'un grand volume : par exemple, quand et comment possède-t-on une maison? Celui-là possède qui peut y entrer quand il veut, y rester autant qu'il veut, et empêcher les autres d'avoir les mêmes droits. La possession est à la fois physique et morale; physique, parce que le possesseur se met en contact avec la chose possédée; morale, parce que les autres sont disposés à accorder ce droit au possesseur; et cette possession morale est le signe le plus probant, car, si le possesseur n'avait pas ce droit, il est certain que chacun des autres le lui disputerait et chercherait à se l'approprier. L'idée de possession renferme donc, outre le droit de contact avec la chose, l'idée morale de disposition des autres à souffrir cette possession à qui de droit.

La possession a un signe assez caractéristique dans certains cas : ainsi je possède un jardin, un enclos, j'en ferme la porte et j'en prends la clef, voilà un signe assez palpable de possession; mais lorsqu'il s'agit d'une terre, d'un étang? On sait, dit-on, qui coupe chaque récolte, qui pêche dans cet étang, et par conséquent quel est le possesseur; mais on pêche souvent à des époques éloignées : qui donc pour nous constate que la possession n'a pas changé de mains? Comme on peut le remarquer, il n'y a ici aucun rapport physique et immédiat entre le possesseur et la possession; évidemment elle réside tout entière dans l'opinion des autres hommes : c'est ce qui arrive presque toujours, la possession réside presque constamment dans l'opinion d'autrui. C'est pour n'avoir jamais voulu voir que le rapport physique entre la possession et le possesseur que Bentham a été embarrassé quelquefois pour définir la possession et la déterminer.

Quels sont les effets de la possession? De ce que l'opinion déclare tel être possesseur, la loi le reconnaît provisoirement comme tel; dans ce cas, l'opinion commune devient la base d'une opinion légale. Mais si la loi le reconnaît provisoirement propriétaire, il a fallu nécessairement lui accorder les droits de la propriété, ne fût-ce que provisoirement; en effet, elle lui octroie tous pouvoirs (provisoirement) même contre le véritable propriétaire : dès lors, la propriété n'est plus, dans ce cas ci, possession, elle n'est plus entière ; du moment qu'elle n'est plus entière, elle est donc démembrée, *donc la possession est un démembrement de la propriété.* Enheccius combat cette opinion, parce que, dit-il, la possession est un droit temporaire, un droit de peu de durée ; mais l'usufruit est un démembrement de la propriété, et pourtant il peut durer peu de temps, il peut être d'une minute : ce n'est donc pas une raison valable. Autre objection, la propriété donne l'action *in rem*, or, la possession ne donne pas l'action *in rem*, mais seulement *l'interdit uti possidetis*, ou une action *in personam*, donc la possession n'est pas un démembrement de la propriété. Mais ne sommes-nous pas propriétaires de notre argent? et cependant on ne peut pas revendiquer l'argent : un voleur m'a pris vingt pièces d'or, il va acheter quelque chose avec cet or, et je ne puis pas aller chez le marchand réclamer mes pièces d'or qui étaient bien dans mon secrétaire. Un droit peut donc être un démembrement de la propriété, sans en avoir tous les attributs.

Le droit d'un locataire ou d'un fermier est-il un démembrement ? C'est la même chose que le droit d'usufruit. Pour prouver que le contrat de louage avec le fermier ou locataire ne produit pas de démembrement de la propriété, on disait : le contrat de louage donne une créance au fermier contre la propriété ; or, la propriété est un droit absolu, on doit trouver dans le démembrement un droit également absolu ; le locataire ou fermier n'a qu'un droit relatif et non absolu, comme le propriétaire ; donc, ce n'est point un démembrement de la propriété. Je conviens que si le contrat de louage ne produisait chez nous, que les droits qu'il produisait chez les Romains, il ne produirait pas d'autre démembrement, que celui résultant de la possession détachée de la propriété ; mais en droit français il en a d'autres ; ainsi, quand le bail a commencé à avoir son exécution, ou a été seulement arrêté par les contractants, signé, etc., le locataire a le droit de conserver sa jouissance, même vis-à-vis de ceux à qui le propriétaire aurait vendu la chose; s'il doit être maintenu par l'acquéreur, à plus forte raison doit-il l'être par celui qui se serait emparé, sans titre, de la propriété; je vois, dans ce droit du locataire, un droit absolu, et ce droit absolu, c'est un démembrement de la propriété.

Qu'est-ce que la possession *animo domini*, et la possession *pro domino?* On dit aussi dans le même sens possession à titre de maître et possession à titre précaire; les rédacteurs même de notre Code civil se sont servis de cette expression.

La possession *pro domino* est celle qui reconnaît qu'un autre est propriétaire, comme le fermier, le locataire. La possession *animo domini* est celle du propriétaire.

On distingue aussi la possession directe et indirecte, médiate et immédiate : la possession directe ou immédiate est celle de l'individu qui est en contact avec la chose, comme le fermier; la possession indirecte ou médiate est celle de l'individu qui n'est pas lui-même en contact avec la chose, mais pour qui un autre a ce contact, comme le propriétaire.

La possession est encore ou parfaite ou imparfaite : parfaite quand celui qui exerce sur une chose une puissance, l'exerce du consentement de tout le monde; pour cela il faut deux circonstances : la possession doit être *publique*, elle doit être *paisible :* paisible, car si une seule personne trouble cette possession, elle est imparfaite; publique, pour être sûr que cette possession est incontestée, ce que les Romains exprimaient par ces mots : *possessio nec vi, nec clam. Nec vi*, c'est-à-dire paisible, *nec clam*, c'est-à-dire publique.

Quoique la possession soit imparfaite, elle a pourtant certains effets.

La possession est entière quand elle réunit ces trois caractères : directe, de bonne foi et publique.

Que peut avoir à dire le législateur sur les démembrements? Il doit expliquer le droit de propriété et ses restrictions; mais ses démembrements, de quelle explication sont-ils susceptibles? Quand c'est le propriétaire qui les établit lui-même, il y aura le plus ou le moins, voulu par le propriétaire ; mais comme il y a aussi des démembrements établis par le législateur, il a très-bien fait de fixer les règles de ces démembrements.

Les titres qui traitent des démembrements, outre les interprétations, contiennent des règles certaines; les événements qui font naître ou perdre ces démembrements, et ces événements sont les mêmes que ceux qui font naître ou perdre la propriété même.

Qu'est-ce que le droit d'usufruit? Il vient des deux mots: *usus*, *fructus ;* dans l'origine même on disait : *usus et fructus* au lieu de : *usus fructus. Usus*, c'est le droit d'occuper exclusivement la chose, c'est se mettre en rapport avec le droit de l'occuper sans modifier sa forme; *fructus*, c'est le droit de recueillir les fruits de la chose, et par conséquent le droit de modifier cette chose, de manière à la faire produire, de semer, labourer, etc.; car, si l'on n'avait que le droit brute de recueillir les fruits que la chose peut produire naturellement, ce serait un droit illusoire et qui se réduirait à recueillir des épines et des chardons. Mais alors, dira-t-on, pourquoi avoir joint le mot *usus* au mot *fructus*, puisque le mot *fructus* renferme nécessairement le droit d'occuper la chose, et même de l'occuper exclusivement, puisque, si d'autres pouvaient en jouir, ce serait encore un droit illusoire, attendu que s'ils venaient à marcher dans le plant que je viens d'ensemencer, c'est comme si je n'avais pas semé? En un mot, puisque le mot *fructus* entraîne après soi le mot *usus*, pourquoi l'y avoir joint? Parce que les jurés ont conçu que, dans certains cas, une personne aurait pu donner *fructus*, le droit de recueillir les fruits et même de les faire produire au sol, et se réserver *usus*, par exemple : le droit de se promener dans les allées tracées autour de ce sol ensemencé : donc, toutes fois que le mot *fructus* a été accompagné de l'idée de jouir seul, on a joint le mot *utendi* au mot *fruendi*.

Le *jus habitationis* ressemblait beaucoup au *jus utendi* : on croirait même que le droit d'habitation (*jus habitationis*), n'est jamais susceptible que de l'idée de *jus utendi* et non de celle de *fruendi*, car une pièce de terre peut produire des fruits et donner par conséquent le *jus fruendi* ; mais comment concevoir que les pierres d'une maison produisent des fruits ? cependant par une fiction de la loi, on est parvenu à reconnaître à une maison même, le *jus fruendi*, quoique sa nature n'en semble pas susceptible : j'ai le droit d'habiter, mais je puis louer ce droit d'habiter; donc voilà des fruits produits par la maison même. Qui a l'usufruit d'une maison peut donc ou l'habiter ou la louer.

Les jurisconsultes romains n'étaient pas d'accord sur le sens du mot *habitatio* : Justinien fait un article de loi exprès pour définir ce mot ; mais c'est une disposition sans intérêt et totalement inutile, puisque, si je prends ce mot dans un autre sens, on devra interpréter ma volonté, et suivre le sens que j'y ai attaché, plutôt que celui de loi.

Outre ce démembrement, il y en a encore d'autres dénommés ; par exemple : l'*hypothèque* ou *gages*. La raison pour laquelle on n'a pas parlé de l'hypothèque en même temps que des autres démembrements, c'est que l'hypothèque est un droit accessoire d'un droit relatif; l'hypothèque est un droit qu'on accorde par suite d'un autre droit précédemment acquis, une dette. L'hypothèque donne au créancier deux droits : celui d'acquérir la préférence sur tout autre, et celui de suivre le bien dans toutes les mains ou il peut passer.

Mais pour prouver que l'hypothèque est un démembrement de la propriété, ce que contestent]plusieurs jurisconsultes, il faut d'abord examiner si, malgré l'hypothèque, la personne qui possède un bien grevé de cette hypothèque a encore un droit entier et intégral sur ce bien. Assurément non : le droit entier, c'est le droit de disposer, de transmettre ; or, avec l'hypothèque, je ne conserve pas ce droit dans son intégralité. Car ou je vends ou je donne : si je vends, l'acquéreur ne me donnera pas l'argent, il le conservera pour mon créancier hypothécaire ; si je donne gratuitement, ce sera un pauvre cadeau que je ferai, puisque, si je donne un bien hypothéqué, le donataire peut demain ne pas avoir un centime de don. Ainsi l'hypothèque a rendu le droit de disposer inutile : mais alors, dira-t-on, pourquoi l'avoir laissé, ce droit, dès qu'il est inutile ? Parce qu'on ne pouvait pas déterminer si l'hypothèque absorbait le prix total de la propriété. Je dis donc que l'hypothèque diminue le droit qu'on a sur la propriété, donc c'est un démembrement de la propriété.

§ 6. *Des événements par lesquels on peut acquérir ou perdre le droit de propriété, soit en totalité, soit en partie.* (Voir précédemment, *page* 89.)

Parmi les manières d'acquérir, trois principales étaient : *la mancipation, in jure cessio, usucapio*. Ces trois étaient du droit civil, c'est-à-dire que les Romains seuls pouvaient acquérir de cette manière.

La mancipation était une espèce de convention soumise à des formes : elle était appliquée aux choses, l'image de l'émancipation appliquée aux personnes.

La cession *in jure* était une revendication simulée ; nous avons vu qu'on allait devant le préteur : un individu disait que tel objet lui appartenait, le préteur demandait à l'autre si *contra vendicaret. Quo negante aut tacente*, il adjugeait au premier.

L'usucapion. Il fallait avoir possédé pendant un temps déterminé pour avoir la possession *quiritaire :* au bout d'un an et de deux, on possédait ; pour les meubles, je conçois qu'au bout d'un an on ait la possession : chez nous il en est de même pour la possession mobilière ; mais deux ans seulement pour la possession immobilière, sont un bien bref délai. C'était, dit-on, pour que la propriété ne fût pas trop longtemps incertaine.

La tradition est une manière d'acquérir. (Voir précédemment page 88, et *Introduction* page 32.) La tradition est l'acte qui fait passer une chose de la puissance d'un individu dans la puissance d'un autre. Pour les objets d'un petit volume, rien de plus simple, ainsi que nous le disions de la possession ; mais pour les objets d'un volume plus considérable, il est plus difficile de déterminer quand il y a tradition ; il l'est encore plus pour les objets qui se transportent difficilement d'un lieu dans un autre, et plus encore pour ceux qui ne se transportent pas du tout ; je ne parle même pas tant d'une maison, d'un terrain renfermé dans un enclos, que d'un étang, d'une forêt ; quand y aura-t-il tradition ? La possession de ses objets réside plutôt, comme nous l'avons vu, sur des rapports moraux que sur des rapports physiques ; dès lors, pour opérer tradition, moi, propriétaire, il faut que j'opère un changement dans l'opinion publique relativement à celui qui a le droit de jouir.

Puisque la propriété donne le droit de disposer, pourquoi la transmission de ce droit n'est-elle pas opérée par la seule volonté du propriétaire ? Pourquoi faut-il qu'il y ait tradition ? C'est que le public est toujours intéressé à connaître le véritable propriétaire : si ce changement n'intéressait que les deux parties contractantes, il suffirait qu'il fût constant que telle a été leur volonté ; mais il n'en est point ainsi.

Pourquoi y a-t-il aussi une tradition symbolique ou fictive ? Cette espèce de tradition est l'œuvre des commentateurs ; mais elle est motivée par certains textes : en effet, il y a des cas où la tradition *réelle* ne peut avoir lieu ; il a donc fallu voir cette tradition dans certains actes désignés.

Un mode de transmission, dont on trouve le germe dans le droit romain, et qui s'est répandue dans beaucoup de pays, parce qu'en effet c'est la plus efficace, ce sont des registres ou dépôt public, où se trouvent consignés tous les actes qui transfèrent la propriété, et que tout le monde peut consulter; je dis qu'on en trouve le germe dans le droit romain, parce qu'au fait nous trouvons quelques indices de ces registres publics, sous les empereurs, pensons-nous. En Grèce, au lieu de ces registres, on place sur chaque fonds de terre un poteau où sont inscrits les noms des propriétaires, les hypothèques, etc. Au premier coup d'œil ce moyen semble le meilleur; mais, en réfléchissant qu'il doit être accompagné d'une loi pénale pour le cas où on enlèverait ce poteau, d'une loi de police pour veiller à sa conservation, etc., on ne conçoit même pas qu'il puisse être en usage.

Chez nous, nous concevons très-bien une servitude appliquée à une maison : ainsi ma maison peut être grevée de la servitude de ne pas ouvrir de fenêtre sur la maison voisine, qui est très-voisine de la mienne, parce que ordinairement nous bâtissons sur le bord de notre terrain, et joignons presque nos maisons les unes aux autres; mais chez les Romains ces servitudes de maisons étaient fort rares, parce que chaque maison était entourée d'un grand espace vide et se trouvait isolée; aussi nommait-on une maison *insula*.

A raison de l'importance des *res mancipi*, on avait établi pour ces choses des moyens de transmission difficiles et publics : en effet, nous voyons beaucoup de publicité dans les formes de la mancipation, de l'usucapion et de la cession *in jure*. Ainsi, pour ces trois espèces de transmission, nous voyons, d'un côté, dans la difficulté de transmettre ces choses précieuses, une prévoyance de la loi contre la légèreté d'un propriétaire, qui voudrait, en un moment de promptitude, se défaire de sa propriété; de l'autre, la publicité, établie dans l'intérêt des tiers.

Comme nous l'avons dit, la distinction des choses en *mancipi* et *nec mancipi*, s'éteignit peu à peu; confusion s'opéra, et des choses *non mancipi* eurent les avantages exclusivement attachés avant aux choses *mancipi ;* des choses *non mancipi*, par exemple, donnèrent le droit de suffrages, et furent protégées par les mêmes secours que les choses *mancipi*. La cession *in jure* et l'usucapion furent appliquées à des choses *non mancipi ;* la mancipation ne fut pas appliquée à ces choses, parce que son nom même, qui en semble dérivé, s'y opposait. Lorsque tous les hommes furent confondus sous ce nom commun de *sujets*, lorsque, sous l'empire, il n'y eut plus de droit de suffrage, on ne comprit plus quel intérêt pouvait avoir cette distinction entre les manières d'acquérir du droit civil ou du droit naturel.

Il y a encore plusieurs manières d'acquérir :

Emptio sub corona, remplacée, dit Ulpien, par l'*adjudicatio*. Dans les *Institutes*, la première manière (§ 12), c'est l'*occupatio ;* par exemple, *feræ bestiæ, pisces*, etc. , *primo occupanti cedunt*. Mais quelle espèce de propriété donnait l'*occupatio ?*

Elle ne donnait point un droit de propriété, mais simplement un droit de possession, et ne permettait pas la revendication. Au § 17 se voit un autre genre d'occupation : l'*occupatio bellica*, les esclaves faits à la guerre. Mais ces esclaves, acquis par *occupatio*, donnaient-ils *res mancipi*, comme lorsqu'ils étaient acquis autrement ?

Les pierres précieuses recueillies sur les bords de la mer étaient encore un mode d'occupation. Au § 19 l'*accession*, jusqu'au § 24. Au § 25, un mode particulier qui donne lieu à des controverses : une chose qui appartenait à un individu a reçu une forme par l'industrie d'un autre ; s'il y a eu convention, la convention s'exécute; mais supposons qu'il n'y en ait point eu : à qui adjuger la chose ? Sera-ce à l'ouvrier? sera-ce au propriétaire de la matière ? Les uns disaient que rien ne saurait exister sans la matière première, donc le propriétaire de la matière doit avoir le tout; les autres, qu'une chose n'est rien sans la forme, donc celui qui lui donne une forme doit être préféré; mais c'étaient des considérations métaphysiques, à la place des vues que doit avoir le législateur, à savoir : à qui il est le plus utile et le plus juste en même temps de laisser la totalité. Justinien avait distingué autrement : si la chose peut revenir à son état primitif, elle appartient au propriétaire de la matière; sinon, à l'ouvrier : ainsi, dans le premier cas, une statue de bronze peut se refondre, elle est donc au propriétaire de la matière; dans le second, une statue de marbre est à l'ouvrier ou sculpteur; mais il faut avouer que cette distinction est tout à fait sans fondement. En général, on doit reconnaître que l'ouvrier perdra plus que le propriétaire matériel, parce qu'un sculpteur est très-content d'une statue qu'il a faite, sans être sûr de pouvoir réussir aussi bien une seconde fois, tandis que, sauf quelques cas où elle serait très-rare, la matière se remplace facilement par une même quantité et une même espèce; donc l'ouvrier y perdra plus, donc il doit être préféré : on nomme spécification cette distinction de droit à la propriété intégrale.

Un autre mode de possession, ou plutôt de propriété, c'est l'adjonction de deux choses : quand la séparation peut s'effectuer sans perte, il faut séparer et rétablir les choses dans leur état primitif; mais si cela ne se peut pas, que les molécules soient tellement unies les unes aux autres, qu'il se soit produit mélange, alors il faut adjuger le tout (sauf indemnité, bien entendu) à celui qui en éprouverait le plus de perte. Nous raisonnons toujours dans le cas de bonne foi, car nul doute que, s'il y a mauvaise foi, elle ne doive tourner au préjudice de celui du côté de qui elle est : cette règle s'applique tant à l'adjonction qu'à la spécification. (*Voir* précédemment pages 85, 86 et 87.)

Deux autres manières d'acquérir du droit des gens étaient la perception des fruits et la prescription; la prescription qui signifiait primitivement ce qu'on avait *écrit avant* (*præscriptio*). (*Voir* précédemment, page 91.)

L'hérédité peut-elle être une cause qui fait acquérir le domaine par la prescription? Ainsi je trouve un cheval loué dans la succession qui m'advient, je puis croire que ce cheval appartient à la succession ; puis-je donc, au bout d'un certain temps, invoquer la prescription comme titre à la propriété de ce cheval? Non, parce que je prends, avec les biens, les obligations du défunt; donc je dois rendre, parce que l'obligation de rendre pèse sur moi comme sur mon auteur. Si un individu me loue un fonds qui ne lui appartient pas, je ne puis pas prescrire ce fonds contre celui à qui il appartient, parce que je n'ai jamais dû me regarder que comme possesseur temporaire.

Qu'est-ce que l'usucapion *pro hærede?* Gaïus explique deux cas où cette usucapion avait lieu. On acquérait même sachant qu'on n'était pas propriétaire (Gaïus, § 52). Au § 55, il explique comment une telle possession a pu être admise, et il donne les deux causes qui feraient désirer que les successions ne restassent pas vacantes : 1° pour que le culte dû aux dieux lares ne fût point interrompu; 2° pour que les créanciers sussent à qui s'adresser. Voilà les deux motifs qui faisaient que les vrais héritiers se présentaient promptement à la succession, sachant bien que la négligence de leur part devait les dépouiller de tous leurs droits, en ouvrant contre eux cette usucapion *pro hærede*.

Ici se terminent les diverses manières d'acquérir la propriété; maintenant voyons comment on acquérait les démembrements de la propriété. Quand on acquérait la pleine propriété, on disait qu'on acquérait la chose ; quand on acquérait une partie seulement de la propriété, on disait acquérir un droit; ce qui est une locution vicieuse, car, quand j'acquiers la propriété, j'acquiers réellement alors un droit. Cette expression s'est néanmoins conservée chez nous. Les manières d'acquérir du droit civil, c'est-à-dire la mancipation, la cession *in jure*, l'usucapion, sont-elles susceptibles de démembrement?

Les servitudes urbaines s'appliquaient même aux maisons de la campagne; d'abord elles s'appliquaient spécialement aux maisons de ville, et par extension à celles de la campagne. (*Voir* précédemment page 94.) Les servitudes rurales s'appliquaient aux champs, même dans les villes; une servitude de vue est une servitude urbaine, parce qu'elle est établie plutôt pour une maison, pour les jours d'une maison, que pour un champ. Les servitudes urbaines ne pouvaient être établies que par la cession *in jure*. *Iter*, *actus* et *via* étaient trois servitudes rurales. L'usufruit ne pouvait être l'objet que de la cession *in jure*; mais, à l'égard des fonds qui n'étaient pas *mancipi*, par exemple, situés dans les provinces hors de l'Italie, aucun moyen d'établir sur eux servitudes ou usufruit. On pouvait acquérir les fonds par la tradition, mais la tradition non *recipiebat usufructum* : comment fera-t-on donc si l'on veut établir un droit de servitude? il faudra avoir recours à des pactes et à des stipulations. Un droit réel, absolu, ne peut pas être acquis par simples stipulations, et cependant Gaius nous dit d'avoir recours à des stipulations : en effet; mais c'est parce que le droit que transmettra cette stipulation n'est qu'un droit relatif. Cela ne veut pas dire pourtant qu'on puisse établir des démembrements sur les fonds étrangers. Ainsi, il ne faut considérer l'usufruit que comme un droit de louage : l'usufruitier pourra conserver son droit tant que la propriété restera dans les mêmes mains; mais, le propriétaire changeant, l'usufruit cesse, parce que le propriétaire de biens provinciaux ne pouvait établir de servitude que vis-à-vis de lui-même : ceci s'explique par un passage du Digeste où se trouvent consignées des clauses pénales pour la non-exécution de la convention par un autre, et où celui qui l'avait constituée est passible de dédommagement.

L'usufruitier peut-il aliéner son droit, le transporter à un autre? Il peut renoncer à son droit en faveur du propriétaire, mais non d'un autre; il peut rendre la plénitude au droit de propriété que son droit acquis rendait incomplet. La cession *in jure* permettait-elle à l'usufruitier de transmettre ainsi l'usufruit? Non, car la formule de cette cession étant (§ 24) : *hunc usufructum meum esse aio*, permettre cette aliénation à l'usufruitier serait lui permettre d'accorder à un autre ce droit pendant toute la vie de cet autre, tandis qu'il n'a qu'un droit limité à la sienne propre : s'il en était autrement, l'usufruit équivaudrait à une possession perpétuelle; car, à mesure qu'on vieillirait, on le passerait à un autre plus jeune, et ainsi de suite de génération en génération. Le § 52 continue à nous instruire des manières d'acquérir l'usufruit. On n'acquérait pas par la cession *in jure* seulement l'usufruit des choses *mancipi*, mais encore celui des choses non *mancipi*.

Les choses *nec mancipi* corporelles pouvaient recevoir la tradition; mais seulement les choses corporelles. Quant aux immeubles, les biens provinciaux ne conféraient jamais le domaine quiritaire : ces biens provinciaux étaient de deux sortes, *stipendiaria* et *tributaria*; *stipendiaria bona* étaient ceux qui appartenaient au peuple, et *tributaria* ceux qui appartenaient aux empereurs.

L'occupation ne s'appliquait pas aux immeubles : les immeubles situés dans l'Italie appartenaient à l'État, hors de l'Italie ils étaient ou *stipendiaria* ou *tributaria*; ainsi l'occupation ne s'appliquait jamais qu'au domaine bonitaire. (*Voir* précédemment page 85). Le § 68 parle de poules, pigeons : ces oiseaux appartiennent à celui qui les possède, mais, s'ils cessent de rester sous son empire, s'ils perdent l'habitude de revenir en son logis, ils deviennent *res nullius*, par conséquent la propriété du premier occupant.

Le § 70 traite de l'*alluvion*, c'est-à-dire des terres qu'un fleuve ou une rivière ajoute peu à peu à un terrain riverain :

le propriétaire au profit de qui s'opère cette accession ou alluvion en profite, précisément parce que le même événement qui l'enrichit aujourd'hui, peut s'opérer demain à son préjudice. Lorsque cependant la partie de terre détachée d'un fonds reste reconnaissable, le propriétaire du fonds reste aussi propriétaire de la partie détachée.

Mais une île, à qui appartient-elle? si elle est au milieu du fleuve, a-t-on dit, elle appartient par moitié aux deux fonds riverains opposés; mais il sera presque impossible qu'elle soit juste au milieu, et appartenant à celui du côté duquel elle déborde plus, il n'y aura donc presque jamais lieu à appliquer la règle ci-dessus, qui semble même illusoire, entendue ainsi; mais, par milieu, on doit entendre qu'en tirant une ligne fictive au milieu du fleuve, si l'île touche à cette ligne, l'île sera réputée au milieu du fleuve.

Superficies solo cedit : cette maxime semble en contradiction avec ce que nous avons dit, que, pour séparer deux choses mêlées ensemble, l'avantage doit être donné à celui qui a le plus fort intérêt à ce que la division se fasse ou ne se fasse pas: nous avons distingué le cas de mauvaise foi; ici point de distinction, et quoique l'édifice ait presque toujours plus de prix que le terrain, cependant le terrain l'emporte, sans doute à raison de l'importance attachée aux fonds de terre. (*Voir* précédemment, page 86.)

Pour l'écriture, c'est le propriétaire du papier qui garde le tout, sauf le dédommagement à celui qui a écrit; pour la peinture, c'est le peintre qui a la préférence. Gaïus ne comprend pas la différence qui peut motiver celle établie du peintre à l'écrivain; c'est probablement parce qu'il entend par le premier un auteur, par exemple : Virgile, qui, en effet, devrait tenir autant au manuscrit de son *Enéide* que tel peintre à son tableau. (Page précédente, 87.)

Au paragraphe 79, *Gaii institutionum commentaria*, il est question d'un homme qui, avec du raisin d'autrui, avec du blé, etc., a fait du vin, du pain, etc. A qui appartiendra le tout? Pour résoudre cette question, guidons-nous toujours sur le plus ou moins de perte, mais toujours en préférant la bonne foi. Si un individu à la matière d'autrui a joint sa matière à lui appartenant, et de plus son industrie, il doit être préféré, sauf toujours le cas de mauvaise foi.

Voilà ce que nous trouvons dans Gaïus sur les diverses manières d'acquérir.

Il y avait ce qu'on appelait une quasi-tradition ; par exemple, si je laisse passer sur mon fonds, il y a une quasi-tradition à peu près comme si je laisse ensemencer, recueillir sur ma terre.

Que résulte-t-il de l'abolition de toutes ces distinctions du temps de Justinien? Sous lui se confondirent la prescription et l'usacapion : les diverses manières d'acquérir alors étaient l'occupation, l'accession, la spécification, la tradition, l'usucapion et la prescription confondues; voilà pour le domaine. Quant aux démembrements, comment s'acquéraient-ils? Dans le principe, *usu et patientiâ* était une manière d'acquérir le domaine, mais le domaine imparfait, le domaine bonitaire; depuis Justinien cette manière d'acquérir donnait un droit aussi étendu que tout autre ; d'abord pour la conservation de la propriété *usu et patientiâ* on était défendu par le préteur seulement, depuis on fut protégé par toute la force de la loi.

La tradition est établie dans un pays peu avancé en civilisation pour avertir du changement de propriétaire; mais, dans un Etat riche et civilisé, ce moyen d'instruire les tiers est mauvais.

Chez nous on a pris des mesures fort coûteuses pour faire connaître si une propriété n'est pas grevée de charges ; on a établi les hypothèques, mais on n'a nullement porté son attention sur ce point de savoir si une propriété appartient réellement à celui qui la vend : il faut espérer qu'on remédiera à cette lacune.

La tradition était, dans l'ancien droit, la seule manière de transférer la propriété et ses démembrements par la volonté du propriétaire et de celui qui acquérait : je dis la seule, sauf quelques exceptions, qui ne peuvent pas, du reste, se justifier mieux que la tradition même, qui ne reposait sur aucun fondement solide. Les hypothèques s'établissaient par des actes qui n'avaient pas de publicité, et de faux témoins pouvaient donner l'autorité à des actes faux auxquels ne donnait pas de date certaine, comme chez nous, l'enregistrement.

Pour les donations entre-vifs, on exigeait que l'acte de donation fût déposé *apud acta*. Que signifie cette expression? Est-ce que l'écrit de donation devait être déposé à son rang parmi les actes ? Je crois que cette mesure pouvait du moins donner une certaine publicité et une date certaine, comme notre enregistrement. Peut-être était-elle destinée à instruire les héritiers de ce dont le défunt a disposé : mais alors pourquoi ne l'aurait-on établie que pour les donations à titre gratuit ? Chez nous, cette lacune existe de même ; il faut espérer qu'on jettera un regard réparateur sur notre système hypothécaire, imparfait à plusieurs égards. Les jurisconsultes éminents appelés à étudier et à formuler ces graves réformes, sollicitées par de sérieux intérêts, apporteront sans doute d'utiles lumières à cette question si difficile.

On ne pouvait pas usucaper les hommes libres, les esclaves fugitifs, les objets volés ou pris par violence ; dans ce dernier cas il ne s'agit pas du voleur, car il y aurait une autre raison pour que le voleur ne pût pas usucaper, c'est que le voleur n'est pas de bonne foi, et l'usucapion ne s'applique qu'à la bonne foi ; il s'agit d'un tiers qui vend la chose volée ; eh bien ! cette chose, dans quelques mains qu'elle passe, ne pourra pas donner lieu à l'usucapion, parce qu'elle est entachée d'un vice qui reste à elle inhérent, tant qu'il n'est pas purgé, c'est-à-dire, tant qu'elle n'est pas rentrée dans les mains du propriétaire.

Le paragraphe 5 contient une disposition singulière : Un individu a l'usufruit d'un esclave : s'il vend l'esclave il commet un vol; s'il vend l'enfant de cet esclave, il ne commet pas de vol ; pourquoi ? Certains auteurs ont pensé que comme les petits d'animaux appartiennent à l'usufruitier, de même les enfants d'esclaves devaient être la propriété de cet usufruitier. Voilà pour soutenir que ce n'est point un vol de vendre un enfant d'un esclave dont on a l'usufruit ; pour soutenir l'affirmative, on dit qu'à la vérité pour les animaux, on peut, sans voler, vendre leurs petits, lorsqu'on est usufruitier ; mais qu'il n'y a aucune similitude, attendu qu'on a des poules, des brebis pour avoir des œufs, des agneaux, tandis qu'il n'entre pas dans la nature d'une femme d'avoir des enfants, comme une poule des œufs, que par conséquent je puis acquérir l'usufruit d'une poule en vue des œufs qu'elle me donnera journellement, tandis que je ne puis pas raisonnablement fonder la même spéculation sur une esclave. Du reste, c'était une question parmi les jurisconsultes romains. Mais on ne conçoit plus de question depuis que Justinien a décidé que l'enfant n'est pas un fruit; donc, dès qu'il n'est pas un fruit, l'usufruitier commet un vol en le vendant.

§ 7. — *De donationibus.*

Comment a-t-on rangé dans les manières d'acquérir les donations qui, dans le paragraphe 44, sont regardées comme une cause de tradition ? Dans l'ancien droit, tant qu'il n'y avait pas livraison, la donation n'était pas obligatoire pour le donateur. Il y avait deux espèces principales de donations : la donation entre-vifs et la donation *mortis causâ :* dans le cas de cette dernière, si j'échappais à la maladie, ou au danger en vue duquel je l'avais faite, elle était nulle. Justinien aurait pu mettre la dot au nombre des donations. Une autre espèce de donation était celle qui avait lieu pendant le mariage, entre le mari et la femme.

Si un esclave était commun à deux copropriétaires, que l'un des deux lui donnât la liberté, cette disposition était nulle quant à l'esclave, puisqu'il ne pouvait pas être esclave et libre en même temps; elle ne profitait qu'à son copropriétaire, qui dès lors avait la propriété exclusive et intégrale; c'était encore une manière d'acquérir. Justinien était d'avis que l'esclave devenait libre, et qu'on donnât seulement une indemnité au copropriétaire pour sa part; mais il n'y a qu'un obstacle; qui paiera cette indemnité? Le gouvernement? Pourquoi? en quoi cela le regarde-il? Sera-ce le copropriétaire donateur? Mais alors il n'y avait pas besoin de l'idée de Justinien, car il est bien évident qu'un copropriétaire, en donnant sa part et en rachetant l'autre, pouvait toujours rendre la liberté entière à un esclave; cela se réduisait donc à forcer le copropriétaire non donateur à vendre sa part.

§ 8. — *Manières de perdre la propriété.*

Ce sujet demande peu de détails, parce que les manières de perdre la propriété ne sont souvent autre chose que les manières de l'acquérir (c'est ainsi que nous parlions plus haut des droits et des devoirs de la paternité et de la filiation). Par exemple, l'usucapion en me donnant la propriété la fait perdre à un autre. L'occupation pourtant ne dépouille personne, si ce n'est de la chance d'occuper la chose; mais une autre manière de perdre la propriété qui ne dépouille évidemment personne, c'est la destruction de la chose; une autre encore, c'est le cas d'évasion d'animaux sauvages; une autre, c'était, sous les empereurs, la confiscation, peine accessoire qui accompagnait une peine plus grave : système financier créé par les empereurs pour remplir leurs caisses, quand ils voulaien de l'argent. Une autre, c'est la renonciation : je la conçois pour les meubles ; mais pour les immeubles ? Chez nous même comment pourrions-nous renoncer à des immeubles ? En allant au greffe pour déclarer qu'abandonnant la propriété, nous ne sommes plus passibles d'impôts ? Mais reste à savoir jusqu'à quel point serait valable une telle déclaration : l'Etat serait-il saisi par une telle renonciation ? A cet égard nous ne trouvons pas de texte précis.

Une autre manière, c'est la consolidation ; quand un usufruitier meurt, son droit se réunit à celui du propriétaire, il y a alors ce qu'on appelle consolidation ; on voit que c'est une manière de perdre un droit. Mais je serais d'avis d'étendre la dénomination, et de dire que toutes les fois qu'un démembrement cesse, il y a consolidation : ainsi, pour l'hypothèque, quand la dette est payée, l'hypothèque cesse aussi, donc il y a consolidation.

FIN.

Imprimerie PANCKOUCKE, rue des Poitevins, 6.

TABLE DES MATIÈRES CONTENUES DANS CE VOLUME.

FIN DE LA TABLE.

www.ingramcontent.com/pod-product-compliance
Ingram Content Group UK Ltd.
Pitfield, Milton Keynes, MK11 3LW, UK
UKHW020556180726
13838UKWH00001B/275

9 782329 256139